GUTE NOTEN IN MATHE

KLASSE 5

UWE FRICKE

tandem.VERLAG
print line

Zeichnungen: Sabine Völkers, Berlin
Layout: Cordula Schaaf, München
Umschlagabbildung: Schülerhilfe
Umschlaggestaltung: [rincón]2 medien gmbh, Köln

www.tandem-verlag.de

Gesamtherstellung: Tandem Verlag GmbH, Potsdam

ISBN 978-3-8427-1195-2

Inhalt

1 Die natürlichen Zahlen

Die natürlichen Zahlen sind die Grundlage jeder mathematischen Berechnung. Du bist (vermutlich) 10 oder 11 Jahre alt, das Jahr hat 365 Tage, der Tag hat 24 Stunden und du hast in der Woche (vielleicht) 28 Schulstunden. Das alles sind natürliche Zahlen. Dazu gehören auch größere Zahlen, zum Beispiel Entfernungen zu fremden Planeten oder Bevölkerungszahlen von Ländern und Städten.

1.1 Der Zahlbegriff

Alles klar?! **Menge der natürlichen Zahlen**

Die Menge der natürlichen Zahlen wird mit $\mathbb{N}$ bezeichnet und setzt sich aus folgenden Zahlen zusammen:

$$\mathbb{N} = \{0, 1, 2, 3, 4, \ldots\}$$

Zu jeder Zahl kann man 1 addieren, so erhält man den **Nachfolger**. Und von jeder Zahl außer 0 kann man 1 subtrahieren und erhält so den **Vorgänger** der Zahl.

Daraus folgt auch, dass es bei den natürlichen Zahlen keine größte Zahl geben kann, da man zu jeder Zahl 1 addieren kann.

Natürliche Zahlen können nach ihrer Größe sortiert werden. Dafür verwendet man die Operatoren „kleiner als" (<) und „größer als" (>).

Beispiele:

1) $7 + 1 = 8$ — also ist 8 Nachfolger von 7

2) $7 - 1 = 6$ — also ist 6 Vorgänger von 7

3) $8 > 7$ — 8 ist größer als 7

4) $6 < 7$ — 6 ist kleiner als 7

Übung 1 **Bestimme, ob die Aussage wahr oder falsch ist.**

a) Alle natürlichen Zahlen haben einen Vorgänger.

b) Es gibt eine größte Zahl.

c) Es gibt eine kleinste Zahl.

d) $7 < 4$

Lösungen Seite 102

1.2 Das Zehnersystem

Alles klar?! **Zehnersystem**

Unser Zahlensystem ist nach dem **Zehnersystem** aufgestellt. Wir können mithilfe der Ziffern 0, 1, 2, 3, 4, 5, 6, 7, 8 und 9 alle Zahlen darstellen. Die Bedeutung einer Ziffer hängt von ihrer Stellung in der Zahl ab. Das Zehnersystem ist ein spezielles **Stellenwertsystem**. Dabei werden zehn Einser zu einem Zehner, zehn Zehner zu einem Hunderter und so weiter zusammengefasst, man multipliziert also immer mit 10.

Beispiele:

	HT 100 000er	**ZT 10 000er**	**T 1000er**	**H 100er**	**Z 10er**	**E 1er**
1)		**4**	**5**	**3**	**2**	**4**
2)	**1**	**2**	**4**	**3**	**2**	**1**
3)	**5**	**5**	**1**	**4**	**6**	**3**

1) $4 \cdot 10\,000 + 5 \cdot 1000 + 3 \cdot 100 + 2 \cdot 10 + 4 \cdot 1 = 45\,324$
2) $1 \cdot 100\,000 + 2 \cdot 10\,000 + 4 \cdot 1000 + 3 \cdot 100 + 2 \cdot 10 + 1 \cdot 1 = 124\,321$
3) $5 \cdot 100\,000 + 5 \cdot 10\,000 + 1 \cdot 1000 + 4 \cdot 100 + 6 \cdot 10 + 3 \cdot 1 = 551\,463$

Übung 1 **Übertrage folgende Zahlen in ein Stellenwertsystem und schreibe sie als Addition von 10er-Potenzen.**

a) 456 341						
b) 10 401						
c) 306 248						
d) 101 001						

Lösungen Seite 102

1.3 Andere Stellenwertsysteme

Alles klar?! Zweiersystem

Neben unserem Zehnersystem gibt es auch andere Zahlensysteme.

Im **Zweiersystem** gbt es, wie der Name schon sagt, nur zwei Ziffern: 0 und 1.
Man fasst immer zwei Einer zu einem Zweier, zwei Zweier zu einem Vierer, zwei Vierer zu einem Achter, zwei Achter zu einem Sechzehner und so weiter zusammen. Man multipliziert also immer mit 2.

Dieses System nennt man auch **Dualsystem**. Es findet insbesondere in der Datenverarbeitung Anwendung und ist dort in der Darstellung der Zahlen sehr wichtig. Schreibt man Zahlen im Zweiersystem auf, so werden sie in Klammern gesetzt. Am Ende der Klammer steht der Index 2, z. B. $(100010)_2$

In einem Zweiersystem zerlegt man die Zahlen in alle Potenzen der 2, nämlich 1, 2, 4, 8, 16, 32 und so weiter.

Beispiele

Übertragung von Zahlen aus dem **Zweiersystem** in das **Zehnersystem**:

$\mathbf{(10010)_2} = 1 \cdot 16 + 0 \cdot 8 + 0 \cdot 4 + 1 \cdot 2 + 0 \cdot 1 = \mathbf{18}$
$\mathbf{(110010)_2} = 1 \cdot 32 + 1 \cdot 16 + 0 \cdot 8 + 0 \cdot 4 + 1 \cdot 2 + 0 \cdot 1 = \mathbf{50}$
$\mathbf{(111)_2} = 1 \cdot 4 + 1 \cdot 2 + 1 \cdot 1 = \mathbf{7}$

...	32er	16er	8er	4er	2er	1er
		1	0	0	1	0
	1	1	0	0	1	0
				1	1	1

Übertragung von Zahlen aus dem **Zehnersystem** in das **Zweiersystem**:

$\mathbf{35} = 1 \cdot 32 + 0 \cdot 16 + 0 \cdot 8 + 0 \cdot 4 + 1 \cdot 2 + 1 \cdot 2 = \mathbf{(100011)_2}$
$\mathbf{50} = 1 \cdot 32 + 1 \cdot 16 + 0 \cdot 8 + 0 \cdot 4 + 1 \cdot 2 + 0 \cdot 1 = \mathbf{(110010)_2}$
$\mathbf{7} = 1 \cdot 4 + 1 \cdot 2 + 1 \cdot 1 = \mathbf{(111)_2}$

Wenn man Zahlen nur mit den Ziffern Eins und der Null schreibt, hat das natürlich den Nachteil, dass die Darstellung sehr lang ist. Bei der Datenverabeitung hat die Beschränkung auf Null und Eins aber große Vorteile, denn man kann mit nur zwei Zuständen (Stromzufuhr an/Stromzufuhr aus) alle Berechnungen durchführen.

Alles klar?! **Fünfersystem**

Im **Fünfersystem** gibt es nur fünf Ziffern: 0, 1, 2, 3 und 4. Man fasst immer fünf Einer zu einem Fünfer, fünf Fünfer zu einem 25er, fünf 25er zu einem 125er und so weiter zusammen. Man multipliziert also immer mit 5.

Schreibt man die Zahlen im Fünfersystem auf, so benutzt man am Ende den Index 5, z. B. $(10034)_5$

Im Fünfersystem zerlegt man die Zahlen in alle Potenzen der 5, nämlich 1, 5, 25, 125, 625 und so weiter.

Beispiele

Übertragung von Zahlen aus dem **Fünfersystem** in das **Zehnersystem**:

$\mathbf{(10034)_5} = 1 \cdot 625 + 0 \cdot 125 + 0 \cdot 25 + 3 \cdot 5 + 4 \cdot 1 = \mathbf{644}$
$\mathbf{(100444)_5} = 1 \cdot 3125 + 0 \cdot 625 + 0 \cdot 125 + 4 \cdot 25 + 4 \cdot 5 + 4 \cdot 1 = \mathbf{3249}$
$\mathbf{(4431)_5} = 4 \cdot 125 + 4 \cdot 25 + 3 \cdot 5 + 1 \cdot 1 = \mathbf{616}$

...	3125er	625er	125er	25er	5er	1er
		1	0	0	3	4
	1	0	0	4	4	4
			4	4	3	1

Übertragung von Zahlen aus dem **Zehnersystem** in das **Fünfersystem**:

$\mathbf{78} = 75 + 3 = 3 \cdot 25 + 0 \cdot 5 + 3 \cdot 1 = \mathbf{(303)_5}$
$\mathbf{400} = 375 + 25 = 3 \cdot 125 + 1 \cdot 25 + 0 \cdot 5 + 0 \cdot 1 = \mathbf{(3100)_5}$
$\mathbf{1000} = 625 + 375 = 1 \cdot 625 + 3 \cdot 125 + 0 \cdot 25 + 0 \cdot 5 + 0 \cdot 1 = \mathbf{(13000)_5}$

Übung 1 **Stelle die Zahlen im Zweier- und im Fünfersystem dar.**

a) 58 = ____________ = ____________

a) 87 = ____________ = ____________

Lösungen Seite 102

1.4 Römische Zahlen

Alles klar?! **Das römische Zahlensystem**

Römische Zahlen werden nicht mit Ziffern dargestellt, sondern mit Buchstaben.

I = 1	**V** = 5	**X** = 10	**L** = 50
C = 100	**D** = 500	**M** = 1000	

Alle Zahlen werden aus diesen Buchstabenziffern gebildet. Um sie zu lesen, geht man immer von der größten Zahl aus. Steht eine kleinere Zahl nach einer größeren, so addiert man beide Zahlen.

VI = 5 + 1 = 6 **XVI** = 10 + 5 + 1 = 16 **LX** = 50 + 10 = 60

Steht eine kleinere Zahl vor einer größeren Zahl, so subtrahiert man diese von der größeren Zahl.

IX = 10 – 1 = 9 **VC** = 100 – 5 = 95 **CM** = 1000 – 100 = 900

Auf vielen Zifferblättern und auf Denkmälern findet man heute noch diese Zahlendarstellung.

Beispiele:

MCIX = 1000 + 100 + (10 – 1) = 1109
MCMXLIV = 1000 + (1000 – 100) + (50 – 10) + (5 – 1) = 1944
MCMXCI = 1000 + (1000 – 100) + (100 – 10) + 1 = 1991

Übung 1 **Bestimme die römischen Zahlen.**

a) IL =

b) MXD =

c) MXM =

d) MMIX =

e) IM =

f) MMMCD =

Lösungen Seite 102

1.5 Große Zahlen

Alles klar?! **Aufstellung von großen Zahlen**

10	zehn
100	einhundert
1000	eintausend
10 000	zehntausend
100 000	einhunderttausend
1 000 000	eine Million
1 000 000 000	eine Milliarde
1 000 000 000 000	eine Billion
1 000 000 000 000 000	eine Billiarde
1 000 000 000 000 000 000	eine Trillion
1 000 000 000 000 000 000 000	eine Trilliarde
1 000 000 000 000 000 000 000 000	eine Quadrillion
....	

Bei allen hier aufgeführten Zahlen handelt es sich um **Zehnerpotenzen**.
Man kann sie auch als $\mathbf{10}^{n}$ schreiben, wobei ***n*** die Anzahl der Nullen ist.

$10^3 = 1000$
$10^5 = 100\,000$
$10^{12} = 1\,000\,000\,000\,000$

Übung 1 **Schreibe die Zahlen als Zehnerpotenz.**

a) 10 000 =

b) 10 000 000 =

c) 10 000 000 000 000 =

Alles klar?! Gliederung großer Zahlen

Um große Zahlen besser lesen zu können, teilen wir sie mithilfe von kleinen Zwischenräumen in „3er-Pakete" auf, und zwar von hinten nach vorne. Durch diese Gliederung kann man besser erkennen, um welche Zahl es sich handelt.

Beispiele:
684528795428 = 684 528 795 428
12153201 = 12 153 201
4312555001 = 4 312 555 001

Milliarde			Million			Tausend			Hundert		
H	**Z**	**E**	**H**	**Z**	**E**	**H**	**Z**	**E**	**H**	**Z**	**E**
6	**8**	**4**	**5**	**2**	**8**	**7**	**9**	**5**	**4**	**2**	**8**
				1	**2**	**1**	**5**	**3**	**2**	**0**	**1**
		4	**3**	**1**	**2**	**5**	**5**	**5**	**0**	**0**	**1**

Die oben angegebenene Zahlen werden so ausgesprochen:

- sechshundertvierundachtzig Milliarden fünfhundertachtundzwanzig Millionen siebenhundertfünfundneunzigtausendvierhundertachtundzwanzig
- zwölf Millionen einhundertdreiundfünfzigtausendzweihunderteins
- vier Milliarden dreihundertzwölf Millionen fünfhundertfünfundfünfzigtausendeins

Übung 2 Schreibe die Einwohnerzahlen in Worten auf.

a) Hamburg: 1 757 030

b) Berlin: 3 405 259

c) USA: 290 810 000

Lösungen Seite 103

1.6 Runden

Alles klar?! **Auf- und Abrunden von Zahlen**

Oft interessiert uns nur der ungefähre Wert einer Zahl. Dafür kann man die Zahlen auf 1000, 100 000 oder 1 000 000 runden. Die Zahl hinter der zu rundenden Stelle ist dabei entscheidend: Handelt es sich um 0, 1, 2, 3 oder 4, so wird **abgerundet**, das heißt, die zu rundende Stelle bleibt gleich. Ist die Zahl aber größer als 4, so wird **aufgerundet**, das heißt, die Stelle wird um eins erhöht.

Beispiel:
München hat 1 332 650 Einwohner.

Auf Hundert runden: 1 332 **65**0
Zehnerstelle gleich 5, also aufrunden: 1 332 700 Einwohner

Auf Tausend runden: 1 33**26**50
Hunderterstelle gleich 6, also aufrunden: 1 333 000 Einwohner

Auf Zehntausend runden: 1 3**32** 650
Tausenderstelle gleich 2, also abrunden: 1 330 000 Einwohner

Auf Hunderttausend runden: 1 **33**2 650
Zehntausenderstelle gleich 3, also abrunden: 1 300 000 Einwohner

Übung 1 **New York hat 8 214 526 Einwohner. Runde wie im Beispiel oben auf Tausend, Zehntausend und Hunderttausend.**

1.7 Rechnen mit Einheiten

Alles klar?! **Längen-, Gewichts- und Zeiteinheiten**

Einheiten benötigt man, um Größen miteinander vergleichen zu können. Längen, Gewichte und Zeiten kann man nur miteinander vergleichen, wenn sie die gleiche Einheit haben.

Längeneinheiten:
Einheiten sind Kilometer (km), Meter (m), Dezimeter (dm), Zentimeter (cm) und Millimeter (mm), dabei ist:
1 km = 1000 m
1 m = 10 dm
1 dm = 10 cm
1 cm = 10 mm

Beispiel:

5 km = 5000 m = 50 000 dm = 500 000 cm

Gewichtseinheiten:
Einheiten sind Tonne (t), Kilogramm (kg), Gramm (g) und Milligramm (mg), dabei ist:
1 t = 1000 kg
1 kg = 1000 g
1 g = 1000 mg

Beispiel:

4 kg = 4000 g = 4 000 000 mg

Zeiteinheiten:
Einheiten sind Tag (d), Stunde (h), Minute (min) und Sekunde (s), dabei ist:
1 d = 24 h
1 h = 60 min
1 min = 60 s

Beispiel:

180 min = 3 mal 60 min = 3 h

Übung 1

a) Wandle in cm um:	**2 km**	**500 m**	**34 dm**	**500 mm**
b) Wandle in g um:	**5 t**	**3 kg**	**740 000 mg**	
c) Wandle in min um:	**4 h**	**1 d**	**420 s**	**7 h**

Lösungen Seite 103

Alles klar?! **Kommaschreibweise**

Möchte man Größen darstellen, ist es oft sinnvoll, sie in die größere Einheit oder die kleinere Einheit umzuwandeln. Ist der Umrechnungsfaktor 10, wird das Komma um eine Stelle nach links verschoben. Beträgt der Umrechnungsfaktor 1000, wird das Komma um drei Stellen nach links verschoben.

Beispiele:

Das Umstellen auf die größere Einheit lässt sich gut an einer Stellenwerttafel ablesen.

Gewichtseinheiten:

t			kg			g			mg		
H	Z	E	H	Z	E	H	Z	E	H	Z	E
							4	2	4	0	0
				5	4	1	0	0			
		4	1	0	0						

42 400 mg = 42,4 g
54 100 g = 54,1 kg
4100 kg = 4,1 t

Längeneinheiten:

km			m			dm	cm	mm
H	Z	E	H	Z	E	H	Z	E
					4	1	0	0
	2	5	2	2	0			
		1	4	0	0	4		

4100 mm = 4,1 m
25 220 m = 25,22 km
14 004 dm = 1400,4 m = 1,4004 km

Auch beim Umwandeln in die kleinere Einheit hilft die Stellenwerttafel.

Gewichtseinheiten:

t			kg			g			mg		
H	Z	E	H	Z	E	H	Z	E	H	Z	E
					1	5	4	0	0	0	0
			1	5	0	1	0	0			
		3	5	0	0	4	0	0			

1,54 kg = 1540 g = 1 540 000 mg
150,1 kg = 150 100 g
3,5004 t = 3500,4 kg = 3 500 400 g

Übung 2 **Wandle in die nächstgrößere Einheit um.**

a) 2450 g

b) 450 mg

c) 2458 mm

d) 24 004 m

Wandle in die nächstkleinere Einheit um.

a) 1,56 kg

b) 3,41 g

c) 2,4 km

d) 4,508 m

Lösungen Seite 103

Abschlusstest (30 Minuten)

Aufgabe 1 **Wahr oder falsch?**

a) 5 ist der Vorgänger von 4.

b) 89 < 98

c) 1 ist die kleinste natürliche Zahl.

d) 101 > 110

Punkte: ☐ von 4

Aufgabe 2 **Übertrage folgende Zahlen in ein Stellenwertsystem und schreibe sie als Addition von 10er-Potenzen.**

a) 121 351

b) 24 438

c) 296 367

d) 351 409

Punkte: ☐ von 8

Aufgabe 3 **Stelle die Zahlen 67 und 91 im Zweier- und im Fünfersystem dar. Rechne in deinem Übungsheft und schreibe hier nur die Ergebnisse auf.**

Zweiersystem

Fünfersystem

Punkte: ☐ von 4

Aufgabe 4 **Schreibe folgende Zahlen als Zehnerpotenz.**

a) 10

b) 10 000

c) 10 000 000 000 000 000

Punkte: ☐ von 3

Aufgabe 5 **Schreibe die Zahlen in Worten auf.**

a) 12 235 544

b) 4 356 009 896

Punkte: ☐ von 2

Aufgabe 6 **Tokio hat 8 535 792 Einwohner. Runde auf Tausend, Zehntausend und Hunderttausend.**

Punkte: ☐ von 3

Aufgabe 7 **Umwandlung von Einheiten**

a) Wandle in cm um: 4 km 500 dm 37 m 80 mm

b) Wandle in g um: 3 t 32 kg 685 000 mg

c) Wandle in min um: 7 h 2 d 720 s 11 h

Punkte: ☐ von 11

Punkte: ☐ von 35

33–35 Punkte: Prima, alles verstanden!
19–32 Punkte: Schon gut, aber wiederhole noch einmal die Themen, die dir Probleme gemacht haben!
0–18 Punkte: Wiederhole noch einmal das ganze Kapitel, dann schaffst du es besser.

Lösungen Seite 104/105

2 Addition und Subtraktion natürlicher Zahlen

In diesem Kapitel lernen wir die Vorgehensweise bei der schriftlichen Addition und Subtraktion genauer kennen, bezeichnen die einzelnen Glieder der Rechnung und führen die Rechengesetze der Addition ein.

2.1 Addition natürlicher Zahlen

Alles klar?! **Addition einfacher Zahlen**

Wenn zwei Zahlen addiert werden, nennt man diese beiden Zahlen **Summanden**, das Ergebnis nennt man **Summe**.

54	+	83	=	137
1. Summand	+	2. Summand	=	Summe

Addiert man zwei natürliche Zahlen, erhält man wieder eine natürliche Zahl.
Die Rechenoperation kann man natürlich auch mit mehreren Summanden durchführen.

46	+	21	+	33	=	100
1. Summand	+	2. Summand	+	3. Summand	=	Summe

Übung 1 **Berechne jeweils die Summe.**

a) 54 + 32 =

b) 351 + 42 + 34 =

c) 102 + 99 =

d) 46 + 24 + 25 + 12 =

e) 1012 + 99 =

f) 4 + 998 =

Alles klar?! **Addition größerer Zahlen**

Werden mehrere größere Zahlen addiert, schreibt man sie stellenweise untereinander: Einer unter Einer, Zehner unter Zehner und so weiter. Dann addiert man spaltenweise. Dabei schreibt man zunächst die Einer auf, die Zehner merkt man sich und überträgt sie in die nächste Spalte. In die letzte Spalte schreibt man die komplette errechnete Zahl.

Beispiel:

```
  2466
+  312
+ 1188
+   15
   1 2
------
  3981
```

– Die Einer ergeben 21, also 1 aufschreiben, 2 merken.
– Die Zehner ergeben 18, also 8 aufschreiben, 1 gemerkt.
– Die Hunderter ergeben 9.
– Die Tausender ergeben 3.

Lösungen Seite 105

Beispiel:

$\begin{array}{r} 5822 \\ +\ 134 \\ +\ 5 \\ +\ 2156 \\ {\scriptstyle 1\,1\,1} \\ \hline 8117 \end{array}$	– Die Einer ergeben 17, also 7 aufschreiben und 1 merken. – Die Zehner ergeben 11, also 1 aufschreiben, 1 merken. – Die Hunderter ergeben 11, also 1 aufschreiben, 1 merken. – Die Tausender ergeben 8.

Merke:
Die Zahlen werden immer so untereinandergeschrieben, dass sie wie in einer Stellenwerttafel angeordnet sind und die Stellen mit dem gleichen Wert in einer Spalte stehen.

Übung 2 **Berechne die Summe. Rechne in deinem Übungsheft und schreibe hier nur die Ergebnisse auf.**

a) 3456 + 525 + 9 + 12 =

b) 4182 + 3174 + 5286 =

c) 5124 + 5 + 15 + 987 =

d) 3256 + 3256 + 3256 =

e) 5 + 55 + 555 + 5555 =

f) 12 403 + 5652 + 358 + 16 =

Lösungen Seite 105

2.2 Rechengesetze bei der Addition

Alles klar?! Kommutativgesetz

Das Wort kommutativ kommt aus dem Lateinischen und bedeutet so viel wie „vertauschbar". Es bedeutet, dass die Reihenfolge bei der Addition beliebig ist. Es gilt:

$$\mathbf{a + b = b + a}$$

Beispiel:

$4 + 8 = 12$ und $8 + 4 = 12$

Daraus folgt: $4 + 8 = 8 + 4$

Beispiel:

$6 + 5 + 4 = 15$ und $5 + 4 + 6 = 15$

Daraus folgt: $6 + 5 + 4 = 5 + 4 + 6$

Alles klar?! Assoziativgesetz

Assoziativ kommt auch aus dem Lateinischen und bedeutet „verbindend". Addiert man mehr als zwei Zahlen, können immer einige Zahlen durch eine Klammer verbunden werden und das Ergebnis der Addition bleibt gleich. Es gilt:

$$\mathbf{(a + b) + c = a + (b + c)}$$

Beispiel:

$(4 + 8) + 5 = 12 + 5 = 17$

$4 + (8 + 5) = 4 + 13 = 17$

Daraus folgt: $(4 + 8) + 5 = 4 + (8 + 5)$

Merke:
Soll man mehrere Zahlen im Kopf addieren, ist es meist sehr hilfreich, die Zahlen so zu sortieren, dass die Summe einfach zu bestimmen ist.

Beispiel:
83 + 46 + 17 = 129 + 17 = 146

Einfacher wird es, wenn der 2. und der 3. Summand getauscht werden, also:
83 + 17 + 46 = 100 + 46 = 146

Ordnet man die Zahlen so an, dass die Einer einen vollen Zehner ergeben, lässt sich das Ergebnis einfach berechnen.

Beispiel:
56 + 67 + 23 + 14 = 56 + 14 + 67 + 23 = 70 + 90 = 160

Hier haben wir aus 56 und 14 sowie aus 87 und 23 jeweils ein Paar gemacht.
Die Summe lässt sich so einfacher berechnen.

Merke:
Solche Umstellungen führen natürlich nicht immer zum Erfolg, sondern nur, wenn es passt. Durch sinnvolle Umstellungen können die Aufgaben aber einfacher werden, als sie auf den ersten Blick erscheinen.

Übung 1 **Berechne die Summe und stelle dabei die Summanden so um, dass die Rechnung einfacher wird.**

a) 25 + 17 + 15 + 43 =

b) 142 + 17 + 18 =

c) 513 + 96 + 77 + 4 =

d) 412 + 15 + 138 =

e) 13 + 54 + 35 + 25 + 47 + 6 =

f) 24 + 16 + 101 + 63 + 7 + 99 =

Lösungen Seite 106

2.3 Subtraktion natürlicher Zahlen

Alles klar?! **Subtraktion einfacher Zahlen**

Subtrahiert man eine Zahl von einer anderen, heißt die Zahl, von der die andere abgezogen wird, Minuend. Die Zahl, die subtrahiert wird, heißt Subtrahend und das Ergebnis ist die Differenz.

65	–	13	=	52
Minuend	–	Subtrahend	=	Differenz

Subtrahiert man zwei natürliche Zahlen und der Minuend ist größer als der Subtrahend, erhält man wieder eine natürliche Zahl.

Übung 1 **Berechne die Differenz.**

a) 85 – 23 =

b) 56 – 39 =

c) 112 – 21 =

d) 234 – 112 =

e) 324 – 131 =

f) 516 – 491 =

Alles klar?! **Schriftliche Subtraktion natürlicher Zahlen**

Sollen mehrere Zahlen subtrahiert werden, schreibt man sie wie bei der Addition stellenweise untereinander. Dann werden zunächst die Einer der unteren Zahlen addiert und zum oberen Einer ergänzt, danach sind die Zehner dran und so weiter. Muss man die obere Zahl erhöhen, so überträgt man das in die nächste Spalte.

Beispiel:

6254	Einer: 1 + **3** = 4, schreibe 3
– 1581	Zehner: 8 + **7** = **1**5, schreibe 7, merke 1
1 1	Hunderter: 1 + 5 + **6** = **1**2 , schreibe 6, merke 1
4673	Tausender: 1 + 1 + **4** = 6, schreibe 4

Lösungen Seite 106

Beispiel:

546	
– 232	Einer: 1 + 2 + **3** = 6, schreibe 3
– 81	Zehner: 8 + 3 + **3** = **1**4, schreibe 3, merke 1
1	Hunderter: 1 + 2 + **2** = 5, schreibe 2
233	

Beispiel:

22464	Einer: 7 + 4 + 4 + 8 + **1** = **2**4, schreibe 1, merke 2
– 5328	Zehner: 2 + 8 + 2 + 7 + 2 + **5** = **2**6, schreibe 5, merke 2
– 2174	Hunderter: 2 + 5 + 1 + 1 + 3 + **2** = **1**4, schreibe 2, merke 1
– 3124	Tausender: 1 + 3 + 2 + 5 + **1** = **1**2, schreibe 1, merke 1
– 587	Zehntausender: 1 + **1** = 2, schreibe 1
1122	
11251	

Merke:
Die Subtraktion der natürlichen Zahlen hat nur eine natürliche Zahl als Lösung, wenn alle Subtrahenden addiert nicht größer als der Minuend sind.

Übung 2 **Berechne die Differenz.**

a) 4651 – 3125 =

b) 2485 – 1582 – 456 =

c) 35 261 – 12 584 – 4663 =

d) 34 112 – 15 458 – 1254 =

e) 56 684 – 34 254 – 5218 – 9421 – 584 =

f) 100 000 – 78 542 – 9456 – 586 – 97 – 5 =

Lösungen Seite 106

2.4 Zusammenhang von Addition und Subtraktion

Alles klar?! **Zusammenhang der beiden Rechenarten**

Addition und Subtraktion sind eigentlich entgegengesetzte Rechenoperationen, und dennoch hängen sie zusammen.
Wenn man nämlich von einer Summe den einen Summanden subtrahiert, erhält man den anderen Summanden:

$$a + b = c \Rightarrow c - b = a \text{ oder } c - a = b$$

Wenn man zu einer Differenz den Subtrahenden addiert, erhält man den Minuenden:

$$a - b = c \Rightarrow c + b = a$$

Wenn man vom Minuenden die Differenz abzieht, erhält man den Subtrahenden:

$$a - b = c \Rightarrow a - c = b$$

Mithilfe dieser Regeln kann man immer eine Probe machen und so das Ergebnis überprüfen.

Beispiel:
52 + 37 = 89 Probe: 89 – 37 = 52
oder 89 – 52 = 37

Beispiel:
86 – 59 = 27 Probe: 27 + 59 = 86
oder 86 – 27 = 59

Beispiel:
96 – 34 – 21 – 15 = 26 Probe: 26 + 15 + 21 + 34 = 96

Bei dieser Probe addieren wir zur Differenz alle Subtrahenden und können so den Minuenden berechnen.

Übung 1 **Berechne das Ergebnis und führe eine Probe durch.**

a) 56 + 35 =

b) 32 + 41 + 125 =

c) 438 + 73 =

d) 438 – 73 =

e) 526 – 53 – 261 =

f) 274 – 121 – 39 – 44 – 33 =

Lösungen Seite 106

Abschlusstest (20 Minuten)

Aufgabe 1 **Berechne die Summen im Kopf.**

a) 34 + 25 =

b) 39 + 46 =

c) 65 + 47 =

d) 135 + 54 =

Punkte: ☐ von 4

Aufgabe 2 **Berechne die Differenzen im Kopf.**

a) 67 – 48 =

b) 85 – 57 =

c) 64 – 26 =

d) 164 – 78 =

Punkte: ☐ von 4

Aufgabe 3 **Berechne die Summen schriftlich.**

a) 41 556 + 2143 + 5876 + 354 + 12 =

b) 32 + 4581 + 2615 + 712 + 5 =

c) 112 458 + 35 645 + 23 184 + 217 688 =

Punkte: ☐ von 3

Lösungen Seite 107

Aufgabe 4 **Berechne die Differenzen schriftlich.**

a) 2514 – 1258 – 588 – 456 – 112 =

b) 312 548 – 148 651 – 122 458 – 354 – 11 =

c) 987 546 – 312 515 – 17 – 428 145 – 135 =

Punkte: ☐ von 3

Aufgabe 5 **Berechne die Aufgabe und mache eine Probe.**

a) 56 + 134 =

b) 512 + 152 =

c) 315 – 212 =

d) 126 – 35 – 34 – 12 =

Punkte: ☐ von 4

Punkte: ☐ von 18

15–18 Punkte: Super, alles verstanden!

10–14 Punkte: Schon gut, aber wiederhole noch einmal die Themen, die dir Probleme gemacht haben!

0–9 Punkte: Wiederhole noch einmal das ganze Kapitel, dann schaffst du es besser.

Lösungen Seite 107

3 Multiplikation und Division natürlicher Zahlen

Die Multiplikation und die Division gehören neben der Addition und der Subtraktion zu den vier Grundrechenarten. In diesem Kapitel lernen wir die schriftliche Multiplikation, die schriftliche Division und den Zusammenhang zwischen diesen beiden Rechenarten kennen. Die Rechengesetze der Multiplikation und der Zusammenhang zwischen „Punkt- und Strichrechnung“ werden ebenfalls behandelt.

3.1 Multiplikation natürlicher Zahlen

Alles klar?! **Multiplikation**

Wenn zwei Zahlen multipliziert werden, nennt man das Ergebnis Produkt. Die beiden Zahlen heißen Faktoren, zwischen den Faktoren steht das Malzeichen.

12	·	8	=	96
1. Faktor		2. Faktor		Produkt

Die Zahl 12 passt also 8-mal in die Zahl 96, die 8 passt 12-mal in die Zahl 96.

Multiplikationen können natürlich auch mit mehr als zwei Faktoren durchgeführt werden.

Übung 1 **Berechne folgende Produkte.**

a) $13 \cdot 7 =$

b) $14 \cdot 11 =$

c) $23 \cdot 11 =$

d) $104 \cdot 11 =$

e) $8 \cdot 4 \cdot 3 =$

f) $5 \cdot 10 \cdot 7 =$

Alles klar?! **Zusammenhang von Addition und Multiplikation**

Addiert man den gleichen Summanden immer wieder, so kann man diese Aufgabe auch als Multiplikation auffassen.

$$12 + 12 + 12 + 12 + 12 = 5 \cdot 12 = 60$$

Der Summand 12 soll 5-mal addiert werden, die Multiplikationsaufgabe lautet also $5 \cdot 12$.

Beispiel:

$$13 + 13 + 13 + 13 + 13 + 13 + 13 + 13 =$$

Die 13 kommt als Summand insgesamt 8-mal vor, also

$$13 + 13 + 13 + 13 + 13 + 13 + 13 + 13 = 8 \cdot 13 = 104$$

Lösungen Seite 107

Übung 2 **Schreibe die Additionen als Multiplikation und berechne das Ergebnis.**

a) $15 + 15 + 15 + 15 + 15 =$

b) $8 + 8 + 8 + 8 + 8 + 8 + 8 + 8 + 8 =$

c) $80 + 80 + 80 + 80 + 80 + 80 + 80 + 80 + 80 + 80 =$

d) $101 + 101 + 101 + 101 + 101 + 101 =$

e) $6 + 6 + 6 + 6 + 6 + 6 + 6 + 6 + 6 + 6 + 6 + 6 + 6 + 6 =$

f) $1002 + 1002 + 1002 + 1002 + 1002 =$

Merke: Die Multiplikation ist die Zusammenfassung einer Addition gleicher Summanden. Folgende Regeln gelten bei der Multiplikation:

- Ist einer der Faktoren 0, so ist auch das Produkt 0: $33 \cdot 0 = 0$.
- Wird ein Faktor mit dem Faktor 1 multipliziert, ist der Faktor mit dem Produkt identisch: $33 \cdot 1 = 33$.

Lösungen Seite 107

3.2 Schriftliche Multiplikation

Alles klar?! **Schriftlich multiplizieren**

Bei der Multiplikation mehrstelliger Faktoren werden die Stellen des zweiten Faktors einzeln mit dem ersten Faktor multipliziert.

Multiplizieren mit einer einstelligen Zahl:

5216 · 4	**Einer:** 4 · 6 = 24, schreibe 4, 2 gemerkt
20864	**Zehner:** 4 · 1 + 2 = 6, schreibe 6
	Hunderter: 4 · 2 = 8, schreibe 8
	Tausender: 4 · 5 = 20, schreibe 20

Multiplizieren mit einem mehrstelligen Faktor:
Hier wird der erste Faktor mit jeder Stelle des zweiten Faktors einzeln multipliziert.

456 · 217	
91200	456 · 200 = 91200
4560	456 · 10 = 4560
3192	456 · 7 = 3192
98952	

Die Teilergebnisse werden von rechts beginnend unter die jeweilige Stelle geschrieben. Man kann dann die fehlenden Stellen mit Nullen ergänzen. Danach werden die einzelnen Ergebnisse schriftlich addiert und man erhält so das Gesamtergebnis.

Beispiel:

```
586 · 351
   175800
    29300
      586
   205686
```

Beispiel:

```
721 · 834
   576800
    21630
     2884
   601314
```

Beispiel:

2461 · 4322
9844000
738300
49220
4922
10636442

Beispiel:

456 · 2188
912000
45600
36480
3648
997728

Übung 1 **Berechne das Produkt. Rechne in deinem Übungsheft und schreibe hier nur die Ergebnisse auf.**

a) 438 · 512 =

b) 384 · 127 =

c) 2478 · 612 =

d) 456 · 324 =

e) 5158 · 3354 =

f) 7481 · 2374 =

3.3 Division natürlicher Zahlen

Alles klar?! **Division**

Wenn zwei Zahlen dividiert werden, nennt man das Ergebnis Quotient. Wenn man 100 durch 20 dividiert, dann ist 100 der Dividend und 20 der Divisor. Der Quotient ist 5.

100	:	20	=	5
Dividend		Divisor		Quotient

Bei einer Division möchte man also bestimmen, wie oft der Divisor in den Dividenden passt.

Übung 1 **Berechne die Quotienten.**

a) 84 : 7 =

b) 64 : 2 =

c) 143 : 13 =

d) 180 : 15 =

e) 909 : 9 =

f) 408 : 4 =

Merke:
Folgende Regeln gelten bei der Division:

- Dividiert man 0 durch eine andere Zahl, ist der Quotient ebenfalls 0. Beispiel: 0 : 15 = 0.
- Ist die Zahl 1 der Divisor, sind Dividend und Quotient identisch: 33 : 1 = 33.
- Durch 0 darf man niemals dividieren!

Lösungen Seite 108

3.4 Schriftliche Division

Alles klar?! **Schriftlich dividieren**

Die schriftliche Division soll an einem Beispiel erklärt werden:

52380 : 12 = 4365	Wir beginnen links. Die 12 passt nicht in
<u>48</u>	die 5, aber 4-mal in die 52, bleibt 4 übrig.
43	Nun holen wir die 3 herunter, in 43 passt
<u>36</u>	die 12 3-mal,
78	Rest 7, nun die 8 herunterziehen,
<u>72</u>	12 passt 6-mal hinein,
60	Rest 6, 0 herunterholen, in die 60
<u>60</u>	passt 12 genau 5-mal hinein,
0	Rest 0

Hat man als letzte Ziffer den Einer heruntergeholt und es bleibt ein Rest von 0 übrig, sagt man, dass die Division aufgeht. Ansonsten bleibt ein Rest übrig.

Beispiel:

```
7672 : 8 = 959
72
 47
 40
  72
  72
   0
```

Beispiel:

```
23056 : 16 = 1441
16
 70
 64
  65
  64
   16
   16
    0
```

Beispiel:

```
54674 : 6 = 9112  Rest 2
54
 06
 06
  07
  06
   14
   12
    2
```

Beispiel:

```
22148 : 15 = 1476   Rest 8
15
 71
 60
  114
  105
    98
    90
     8
```

Übung 1 **Berechne die Quotienten.**

a) 34432 : 16 =

b) 227094 : 7 =

c) 91308 : 21 =

d) 6191416 : 11 =

e) 50618 : 12 =

f) 554187 : 24 =

Merke:
Der Rest ist immer eine Zahl, die kleiner als der Divisor ist. Ist der Rest 0, sagt man, die Division „geht auf“. Der Divisor ist dann ein Teiler des Dividenden.

Lösungen Seite 108/109

3.5 Rechengesetze

Alles klar?! **Rechengesetze der Multiplikation**

Bei der Multiplikation gelten die gleichen Rechengesetze wie bei der Addition.

Das **Kommutativgesetz** bedeutet, dass die Reihenfolge bei der Multiplikation beliebig ist:

$$\mathbf{a \cdot b = b \cdot a}$$

Das **Assoziativgesetz** bedeutet, dass man man die Klammern beliebig setzen darf. Es gilt:

$$\mathbf{(a \cdot b) \cdot c = a \cdot (b \cdot c)}$$

Beispiele:
Durch geschicktes Umstellen und Einklammern lassen sich die Aufgaben einfach berechnen.

$5 \cdot 7 \cdot 6 = 5 \cdot 6 \cdot 7 = 30 \cdot 7 = 210$

$21 \cdot (4 \cdot 25) = 21 \cdot 100 = 2100$

$125 \cdot 17 \cdot 8 = 125 \cdot 8 \cdot 17 = 1000 \cdot 17 = 17\,000$

Übung 1 **Ordne die Aufgaben vorteilhaft und berechne die Produkte.**

a) $4 \cdot 12 \cdot 25 =$

b) $17 \cdot 125 \cdot 8 =$

c) $2 \cdot 37 \cdot 5 =$

d) $25 \cdot 8 \cdot 5 =$

e) $500 \cdot 37 \cdot 2 =$

f) $20 \cdot 50 \cdot 31 =$

Lösungen Seite 109

Alles klar?! Distributivgesetz

Es gibt natürlich Aufgaben, in denen Multiplikation und Addition zusammen vorkommen. Hier gilt das **Distributivgesetz**:

$$a \cdot (b + c) = a \cdot b + a \cdot c$$

Man kann also zunächst die Addition und danach die Multiplikation oder zuerst zwei Multiplikationen und dann die Addition durchführen.
Das Distributivgesetz gilt auch für Aufgaben, in denen Multiplikation und Subtraktion gemeinsam vorkommen:

$$a \cdot (b - c) = a \cdot b - a \cdot c$$

Beispiele:
$17 \cdot 7 + 17 \cdot 3 = 17 \cdot (7 + 3) = 17 \cdot 10 = 170$
$21 \cdot 64 + 36 \cdot 21 = 21 \cdot 64 + 21 \cdot 36 = 21 \cdot (64 + 36) = 21 \cdot 100 = 2100$
$25 \cdot 17 - 7 \cdot 25 = 25 \cdot (17 - 7) = 25 \cdot 10 = 250$
$23 \cdot 14 - 14 \cdot 3 = 14 \cdot (23 - 3) = 14 \cdot 20 = 280$

An diesen Beispielen kann man gut erkennen, dass die Umstellungen durch die Rechengesetze die Aufgaben sehr vereinfachen.

Merke: Mache dir die Aufgaben immer so einfach wie möglich. Das spart Zeit und verringert die Fehlerzahl.

Übung 2 Berechne die Aufgaben so einfach wie möglich.

a) $15 \cdot 3 + 5 \cdot 3 =$

b) $12 \cdot 9 + 21 \cdot 12 =$

c) $19 \cdot 43 + 57 \cdot 19 =$

d) $121 \cdot 67 + 33 \cdot 121 =$

e) $56 \cdot 14 - 4 \cdot 56 =$

f) $31 \cdot 117 - 31 \cdot 17 =$

Lösungen Seite 109

Abschlusstest (20 Minuten)

Aufgabe 1 **Berechne die Produkte im Kopf.**

a) $54 \cdot 4 =$

b) $14 \cdot 11 =$

c) $112 \cdot 7 =$

d) $47 \cdot 11 =$

Punkte: ☐ von 4

Aufgabe 2 **Berechne die Produkte schriftlich.**

a) $156 \cdot 431 =$

b) $278 \cdot 741 =$

c) $1264 \cdot 34 =$

d) $324 \cdot 1001 =$

Punkte: ☐ von 4

Aufgabe 3 **Berechne die Quotienten im Kopf.**

a) $143 : 13 =$

b) $154 : 7 =$

c) $256 : 2 =$

d) $345 : 3 =$

Punkte: ☐ von 4

Lösungen Seite 110

Aufgabe 4 **Berechne die Quotienten schriftlich.**

a) 2968 : 14 =

b) 7357 : 7 =

c) 8712 : 12 =

d) 13533 : 13 =

Punkte: ☐ von 4

Aufgabe 5 **Berechne die Produkte vorteilhaft.**

a) $12 \cdot 4 \cdot 25 =$

b) $8 \cdot 6 \cdot 25 =$

c) $5 \cdot 17 \cdot 20 =$

d) $200 \cdot 18 \cdot 5 =$

Punkte: ☐ von 4

Aufgabe 6 **Berechne die Aufgaben so einfach wie möglich.**

a) $16 \cdot 24 + 76 \cdot 16 =$

b) $17 \cdot 9 + 9 \cdot 43 =$

c) $44 \cdot 44 + 44 \cdot 56 =$

d) $14 \cdot 113 - 13 \cdot 14 =$

Punkte: ☐ von 4

Punkte: ☐ von 24

21–24 Punkte: Sehr gut, alles verstanden!
14–20 Punkte: Schon gut, aber wiederhole noch einmal die Themen, die dir Probleme gemacht haben!
0–13 Punkte: Wiederhole noch einmal das ganze Kapitel, dann schaffst du es besser.

Lösungen Seite 110/111

4 Teiler, Vielfache, Primzahlen und Potenzen

In diesem Kapitel wird es um Teiler, Vielfache und Primzahlen gehen. Wie werden Teilermengen gebildet, wie bestimmen wir gemeinsame Vielfache und was ist das Besondere an Primzahlen? Außerdem lernen wir Potenzen kennen.

4.1 Teiler und Vielfache

Alles klar?! **Teiler**

Eine natürliche Zahl a heißt **Teiler** einer Zahl b, wenn a diese ohne Rest teilt.
Alle Teiler einer Zahl bilden die **Teilermenge**.
Die Zahl b heißt dann **Vielfaches** von a.

Beispiel:
Die Zahl 8 ist durch 1, 2, 4 und 8 teilbar.

Teilermenge $T_8 = \{1,2,4,8\}$

Beispiel:
Die Zahl 18 ist durch 1, 2, 3, 6, 9 und 18 teilbar.

Teilermenge $T_{18} = \{1,2,3,6,9,18\}$

Beispiel:
Die Zahl 64 ist durch 1, 2, 4, 8, 16, 32 und 64 teilbar.

Teilermenge $T_{64} = \{1,2,4,8,16,32,64\}$

Übung 1 **Bestimme die Teilermengen folgender Zahlen.**

a) 12

b) 9

c) 24

d) 40

e) 45

f) 60

Merke:
Die 1 ist immer der kleinste Teiler jeder Zahl und die Zahl selbst der größte Teiler.
Alle anderen Teiler liegen dazwischen.

Lösungen Seite 111

Alles klar?! **Teilbarkeitsregeln**

Um zu überprüfen, ob eine Zahl Teiler einer anderen ist, geht man nach bestimmten Regeln vor:

- Ist die letzte Ziffer einer Zahl 0 oder 5, so hat sie den Teiler 5.
- Ist die letzte Ziffer einer Zahl 0, 2, 4, 6 oder 8, so ist die Zahl 2 Teiler.
- Bilden die letzten beiden Ziffern eine Zahl, die Vielfaches von 4 ist, so ist auch die ganze Zahl Vielfaches von 4.
- Addiert man alle Ziffern einer Zahl, erhält man die Quersumme. Ist diese Quersumme Vielfaches von 3, ist auch die ganze Zahl Vielfaches von 3.
- Ist die Quersumme Vielfaches von 9, ist auch die ganze Zahl Vielfaches von 9.

Beispiele:
Wir betrachten die Zahl 2136:
- Die letzte Ziffer ist 6, also ist 2 Teiler von 2136.
- Die beiden letzten Ziffern sind 36. 36 ist Vielfaches von 4, also ist 4 Teiler von 2136.
- Wir berechnen nun die Quersumme: 2 + 1 + 3 + 6 = 12, 12 ist Vielfaches von 3, also ist 3 Teiler von 2136.
- Die Zahlen 5 und 9 sind keine Teiler.

Gegeben ist die Zahl 46 341:
- Die Quersumme ist 4 + 6 + 3 + 4 + 1 = 18, also sind 3 und 9 Teiler, da 18 Vielfaches von 3 und von 9 ist.
- Die Zahlen 2, 4 und 5 sind keine Teiler.

Übung 2 **Überprüfe, ob 2, 3, 4, 5 oder 9 Teiler der angegebenen Zahlen sind.**

a) 102 030

b) 2034

c) 104 405

d) 55 080

e) 245 814

f) 36 810

Lösungen Seite 111

Alles klar?! **Vielfache**

Die Vielfachen einer Zahl werden folgendermaßen bestimmt: Das kleinste Vielfache ist die Zahl selbst, darauf folgt das 2-fache der Zahl, dann das 3-fache der Zahl und so weiter. Die Menge der Vielfachen ist nicht begrenzt.

Beispiele:

Wir bestimmen die Vielfachen der Zahl 6:
$V_6 = \{6,12,18,24,30,36,42, \ldots\}$

Wir bestimmen die Vielfachen der Zahl 7:
$V_7 = \{7,14, 21, 28,35,42,49,56, \ldots\}$

Wir bestimmen die Vielfachen der Zahl 80:
$V_{80} = \{80,160,240,320,400,480,560,640,720, \ldots\}$

Übung 3 **Bestimme die ersten 6 Glieder der Vielfachenmenge folgender Zahlen.**

a) 8

b) 12

c) 17

d) 21

e) 30

f) 45

Lösungen Seite 111

4.2 Primzahlen

Alles klar?! **Primzahlen**

Hat eine Zahl genau zwei Teiler, nämlich die 1 und die Zahl selbst, so nennt man diese Zahl **Primzahl**. Die kleinste Primzahl ist die 2. Um zu überprüfen, ob eine Zahl Primzahl ist, versucht man andere Teiler zu finden.

Die ersten 20 Primzahlen sind:
2, 3, 5, 7, 11, 13, 17, 19, 23, 29, 31, 37, 41, 43, 47, 53, 59, 61, 67, 71.
Es gibt keine größte Primzahl.

Beispiele:
Sehen wir uns die Zahl 89 an.
Bei einer zweistelligen Zahl muss man die Zahlen von 2 bis 10 dahingehend überprüfen, ob sie Teiler der Zahl sind, um sicher zu sein, dass es sich bei der Zahl um eine Primzahl handelt. Da unter den Zahlen 2 bis 10 keine Zahl Teiler von 89 ist, ist 89 eine Primzahl. $T_{89} = \{1,89\}$

Sehen wir uns nun die Zahl 91 an.
Nach Überprüfung der Zahlen 2 bis 10 stellt man fest, dass 7 Teiler von 91 ist.
91 : 7 = 13, daraus folgt $T_{91} = \{1,7,13,91\}$, also ist 91 keine Primzahl.

Übung 1 **Überprüfe, ob die angegebenen Zahlen Primzahlen sind. Bei Zahlen von 100 bis 250 muss man kontrollieren, ob die Zahlen 1 bis 15 Teiler der Zahlen sind.**

a) 111

b) 137

c) 143

d) 177

e) 211

f) 249

Lösungen Seite 112

4.3 Primfaktorzerlegung

Alles klar?! **Primfaktorzerlegung**

Jede Zahl lässt sich als Produkt von Primzahlen darstellen. Diese Darstellung nennt man Primfaktorzerlegung.

Beispiele:

Wir betrachten die Zahl 72.

$72 = 2 \cdot 36 = 2 \cdot 2 \cdot 18 = 2 \cdot 2 \cdot 2 \cdot 9 = 2 \cdot 2 \cdot 2 \cdot 3 \cdot 3$

Die Faktoren 72, 36 und 18 sind durch 2 teilbar, der Faktor 9 ist durch 3 teilbar. Am Ende der Zerlegung erhält man mit der 2 und der 3 nur noch Primzahlen als Faktoren.

Wir zerlegen die Zahl 138.

$138 = 2 \cdot 69 = 2 \cdot 3 \cdot 23$

Die Faktoren 2, 3 und 23 sind Primzahlen, also ist die Zerlegung abgeschlossen.

Jetzt zerlegen wir die Zahl 176.

$176 = 2 \cdot 88 = 2 \cdot 2 \cdot 44 = 2 \cdot 2 \cdot 2 \cdot 22 = 2 \cdot 2 \cdot 2 \cdot 2 \cdot 11$

Übung 1 **Zerlege folgende Zahlen in Primfaktoren.**

a) 21

b) 56

c) 100

d) 122

e) 136

f) 204

Lösungen Seite 112

4.4 Potenzen

Alles klar?! **Potenzen**

Ein Produkt mit gleichen Faktoren kann auch als Potenz geschrieben werden. Eine Potenz setzt sich aus einer Basis, das heißt dem Faktor, und aus einem Exponenten (Hochzahl), der die Anzahl der Faktoren angibt, zusammen.

$$a^n = b$$

a ist die Basis, *n* der Exponent und *b* der Potenzwert.

Beispiel:

$2 \cdot 2 \cdot 2 \cdot 2 \cdot 2 \cdot 2 = 2^6 = 64$

$10 \cdot 10 \cdot 10 \cdot 10 = 10^4 = 10000$

$3 \cdot 3 \cdot 3 \cdot 3 \cdot 3 \cdot 3 \cdot 3 \cdot 3 \cdot 3 = 3^9 = 19683$

Übung 1 **Berechne folgende Potenzen.**

a) $3^3 =$

b) $4^2 =$

c) $2^8 =$

d) $5^2 =$

e) $10^6 =$

f) $8^3 =$

Merke:
Ist der Exponent 0, ist der Potenzwert 1:
$5^0 = 1$.
Ist die Basis 1, ist der Potenzwert ebenfalls 1:
$1^3 = 1$.

Lösungen Seite 112

4.5 kgV und ggT

Alles klar?! **Kleinstes gemeinsames Vielfaches**

Um das kleinste gemeinsame Vielfache (kgV) von zwei Zahlen zu bestimmen, zerlegt man beide Zahlen in ihre Primfaktoren. Danach fasst man die Primfaktoren so in einem Produkt zusammen, dass alle darin je einmal wieder vorkommen. Das Ergebnis dieser Multiplikation ist dann das kgV.

Beispiele:

44 und 66

$44 = 2 \cdot 2 \cdot 11 = 2^2 \cdot 11$

$66 = 2 \cdot 3 \cdot 11$

Da die 2 (= Teiler von 66) in 2^2 (= Teiler von 44) enthalten ist, ergibt sich als
kgV $(44;66) = 2^2 \cdot 3 \cdot 11 = 132$

In dem angegeben Produkt stecken beide Primfaktorzerlegungen.

---

64 und 48

$64 = 2 \cdot 2 \cdot 2 \cdot 2 \cdot 2 \cdot 2 = 2^6$

$48 = 2 \cdot 2 \cdot 2 \cdot 2 \cdot 3 = 2^4 \cdot 3$

kgV $(48;64) = 2^6 \cdot 3 = 192$

Übung 1 **Berechne das kgV folgender Zahlen.**

a) 6 und 8

b) 15 und 30

c) 12 und 52

d) 14 und 18

e) 24 und 30

f) 8 und 14

Lösungen Seite 112

Alles klar?! **Größter gemeinsamer Teiler**

Um den größten gemeinsamen Teiler (ggT) von zwei Zahlen zu bestimmen, zerlegt man zunächst beide Zahlen in die Primfaktoren. Dann multipliziert man alle Faktoren, die in beiden Zerlegungen vorkommen. Dieses Produkt ist der ggT.

Beispiele:

32 und 84

$32 = 2 \cdot 2 \cdot 2 \cdot 2 \cdot 2 = 2^5$

$84 = 2 \cdot 2 \cdot 3 \cdot 7 = 2^2 \cdot 3 \cdot 7$

ggT $(32;84) = 2^2 = 4$

Die 2^2 steckt in der 2^5; 3 und 7 sind nicht in der Zerlegung der 32 enthalten, also ist 4 der größte gemeinsame Teiler.

---

48 und 108

$48 = 2 \cdot 2 \cdot 2 \cdot 2 \cdot 3 = 2^4 \cdot 3$

$108 = 2 \cdot 2 \cdot 3 \cdot 3 \cdot 3 = 2^2 \cdot 3^3$

ggT $(48;108) = 2^2 \cdot 3 = 4 \cdot 3 = 12$

Übung 2 **Berechne den ggT.**

a) 42 und 70

b) 24 und 128

c) 36 und 126

d) 18 und 72

e) 56 und 140

f) 45 und 154

Abschlusstest (35 Minuten)

Aufgabe 1 **Bestimme die Teilermenge.**

a) 15

b) 23

c) 36

d) 42

Punkte: ☐ von 4

Aufgabe 2 **Überprüfe, ob 2, 3, 4, 5 oder 9 Teiler der Zahl sind.**

a) 2184

b) 51 326

c) 45 148

d) 24 320

Punkte: ☐ von 4

Aufgabe 3 **Bestimme die ersten fünf Glieder der Vielfachenmenge.**

a) 7

b) 13

c) 26

d) 101

Punkte: ☐ von 4

Lösungen Seite 113

Aufgabe 4 **Überprüfe, ob die Zahlen Primzahlen sind.**

a) 37

b) 97

c) 123

d) 153

Punkte: ☐ von 4

Aufgabe 5 **Zerlege folgende Zahlen in ihre Primfaktoren.**

a) 42

b) 66

c) 100

d) 128

Punkte: ☐ von 4

Aufgabe 6 **Berechne folgende Potenzen.**

a) $4^3 =$

b) $2^7 =$

c) $10^6 =$

d) $5^4 =$

Punkte: ☐ von 4

Lösungen Seite 113

Aufgabe 7 **Berechne das kgV.**

a) 6 und 14

b) 8 und 14

c) 8 und 18

d) 12 und 40

Punkte: ☐ von 4

Aufgabe 8 **Bestimme den ggT.**

a) 12 und 20

b) 24 und 64

c) 8 und 26

d) 16 und 30

Punkte: ☐ von 4

Punkte: ☐ von 32

28–32 Punkte:	Super, alles verstanden!
18–27 Punkte:	Schon gut, aber wiederhole noch einmal die Themen, die dir Probleme gemacht haben!
0–17 Punkte:	Wiederhole noch einmal das ganze Kapitel, dann schaffst du es besser.

Lösungen Seite 113

5

Die Menge der ganzen Zahlen

Die Menge der ganzen Zahlen umfasst die natürlichen Zahlen und die negativen Zahlen. Bestimmt hast du im Winter schon einmal im Wettterbericht von einer Temperatur von minus 4 Grad Celsius gehört. Und auch ein Konto kann einen negativen Betrag ausweisen. Von der Null aus kann man nicht nur in die positive Richtung gehen, sondern auch in die negative.

5.1 Was sind negative Zahlen?

Alles klar?! **Negative Zahlen**

Eine **Zahlengerade** macht deutlich, worum es sich bei negativen Zahlen handelt. Während die Zahlen, die rechts von der Null stehen, alle ein positives Vorzeichen haben, beginnen links von der Null die negativen Zahlen, die ein negatives Vorzeichen haben. Bei einer negativen Zahl spricht man das Vorzeichen mit, man sagt also „minus vier“ oder „minus sieben“.

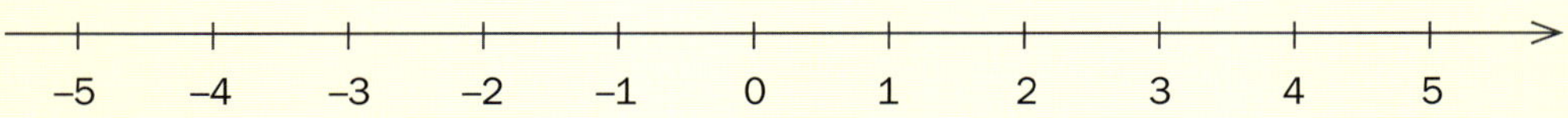

Je weiter eine Zahl auf der Zahlengeraden links steht, desto kleiner ist sie. Jede Zahl hat eine positive oder negative **Gegenzahl**. Diese erhält man, wenn man das Vorzeichen wechselt.

Beispiel: Wir ordnen die Zahlen 4, –5, –8, 17, –35, 42, –1 nach der Größe, beginnend mit der kleinsten:

$$-35 < -8 < -5 < -1 < 4 < 17 < 42$$

Übung 1 **Ordne die Zahlen nach ihrer Größe.**

a) 4, –742, 98, –5, 7, –126, –78, 15, –4

b) –1, 1, 19, –4, 2148, –6

c) 25, –214, 13, 8, –158, –1, 5

d) 6, –7, 14, –125, 85, –176, –3

e) –223, –199, –225, 17, –234, 1524, 972, –415

f) 5, 4, –8, 7, –259, –5, 16, –252, 17

Übung 2 **Bestimme die Gegenzahl.**

a) –5 b) 17 c) 1004

d) –241 e) 56 f) –841

Lösungen Seite 114

5.2 Addieren und Subtrahieren einer ganzen Zahl

Alles klar?! **Betrag von negativen Zahlen**

Der Betrag einer negativen Zahl *a*, geschrieben $|a|$, ist immer positiv und gibt die absolute Größe der Zahl an.

Beispiele: $|-8| = 8$ $|8| = 8$ $|-17| = 17$ $|-112| = 112$

Alles klar?! **Addieren von negativen Zahlen**

Addiert man zu einer Zahl eine negative Zahl, subtrahiert man den Betrag der negativen Zahl. Auf der Zahlengerade rückt man den Betrag der negativen Zahl nach links.

$$b + (-a) = b - a$$

Beispiel:

$5 + (-4) = 5 - 4 = 1$

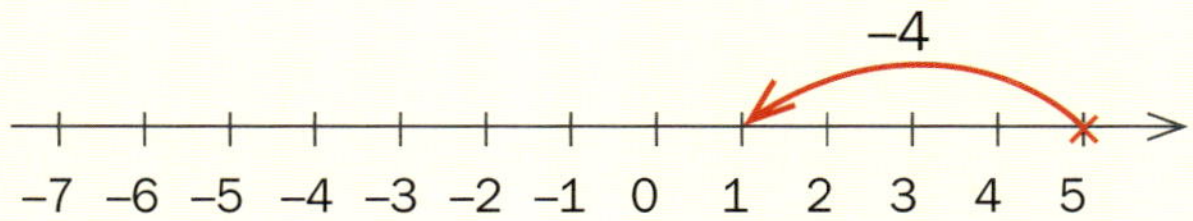

$3 + (-8) = 3 - 8 = -5$

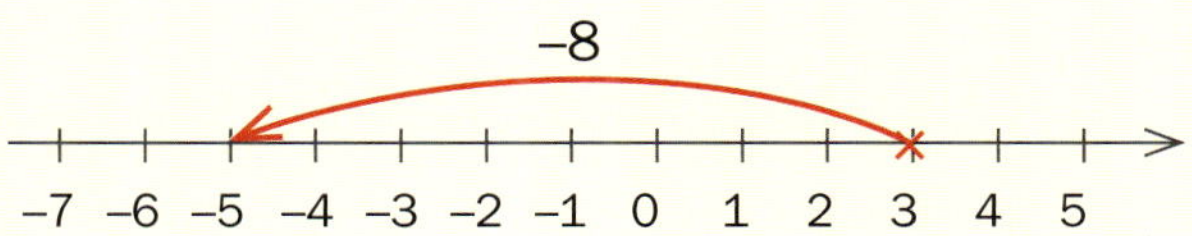

$(-3) + (-13) = -16$

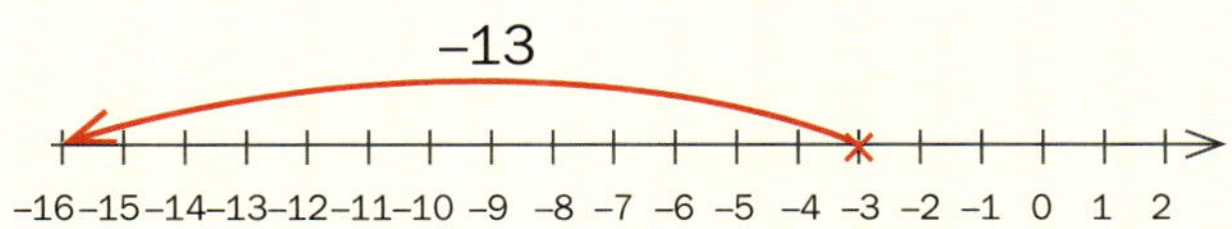

Merke: Zwei Rechenzeichen dürfen nicht direkt hintereinanderstehen, daher schreibt man die negative Zahl immer in Klammern.

Übung 1 **Rechne folgende Aufgaben.**

a) $12 + (-8) =$ b) $21 + (-36) =$ c) $(-15) + (-8) =$

d) $6 + (-14) =$ e) $56 + (-68) =$ f) $(-87) + (-11) =$

Lösungen Seite 114

Alles klar?! Subtrahieren von negativen Zahlen

Subtrahiert man von einer Zahl eine negative Zahl, muss man den Betrag der negativen Zahl addieren. Auf der Zahlengerade rückt man den Betrag der negativen Zahl nach rechts.

$$b - (-a) = b + a$$

Beispiele:

$5 - (-3) = 5 + 3 = 8$

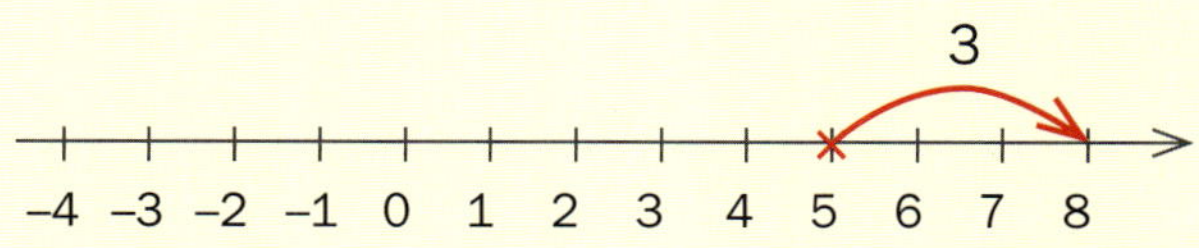

$(-7) - (-10) = (-7) + 10 = 3$

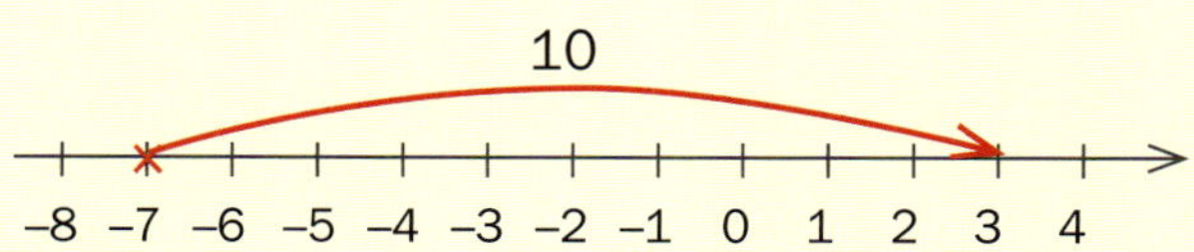

$(-12) - (-8) = (-12) + 8 = -4$

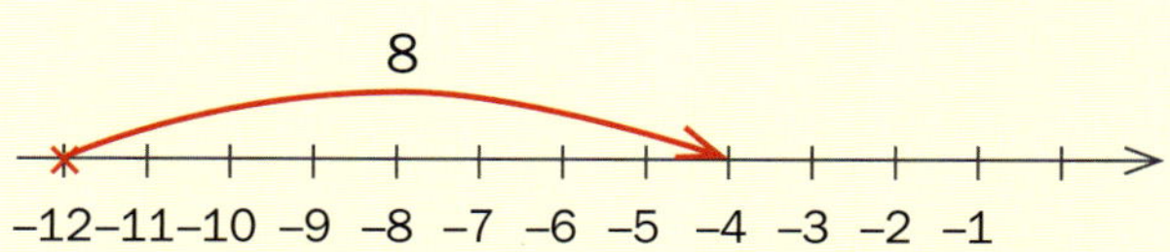

Übung 2 Rechne folgende Aufgaben.

a) $5 - (-4) =$

b) $(-6) - (-15) =$

c) $(-17) - (-12) =$

d) $(-35) - (-42) =$

e) $18 - (-36) =$

f) $(-38) - (-23) =$

Lösungen Seite 114

5.3 Multiplikation und Division von negativen Zahlen

Alles klar?! **Multiplikation von negativen Zahlen**

Führt man eine Multiplikation durch, betrachtet man zunächst die Vorzeichen der einzelnen Faktoren. Sind die Vorzeichen der Faktoren gleich, so ist das Produkt positiv, sind sie verschieden, ist das Produkt negativ.

Es gilt:

plus	mal	plus	=	plus
plus	mal	minus	=	minus
minus	mal	plus	=	minus
minus	mal	minus	=	plus

Nach Festlegung des Vorzeichens wird die Multiplikation genauso durchgeführt wie bei den natürlichen Zahlen.

Beispiele:

$(+17) \cdot (-4) = -68$
$(-12) \cdot (-8) = 96$
$(-15) \cdot (+21) = -315$
$6 \cdot (-18) = -108$
$(-202) \cdot 11 = -2222$

Übung 1 **Berechne die Produkte.**

a) $(-14) \cdot (+11) =$

b) $(-7) \cdot (-21) =$

c) $(+15) \cdot (-9) =$

d) $(-17) \cdot 6 =$

e) $13 \cdot (-8) =$

f) $(-26) \cdot (-4) =$

Lösungen Seite 114

Alles klar?! Division von negativen Zahlen

Bei einer Division gilt die gleiche Vorzeichenregel wie bei der Multiplikation. Sind die Vorzeichen von Divisor und Dividend gleich, ist das Vorzeichen des Quotionten positiv, sind sie verschieden, ist es negativ.

Es gilt:

plus	durch	plus	=	plus
plus	durch	minus	=	minus
minus	durch	plus	=	minus
minus	durch	minus	=	plus

Nach Festlegung des Vorzeichens wird die Division wie bei den natürlichen Zahlen durchgeführt.

Beispiele:

(+24) : (–4) = –6
(–32) : (–8) = 4
(–125) : 5 = –25
618 : (–103) = –6
(–405) : 81 = –5

Übung 2 Berechne die Quotienten.

a) (–12) : (+4) =

b) (+48) : (–16) =

c) (–64) : 2 =

d) 144 : (–4) =

e) (–600) : (–120) =

f) (–700) : 5 =

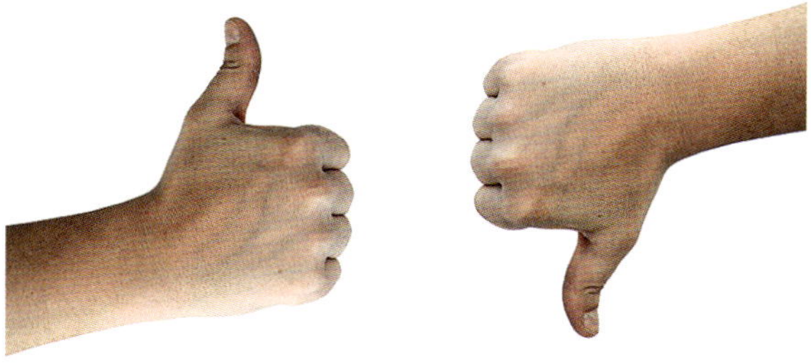

Lösungen Seite 114

Alles klar?! **Multiplikation mehrerer Faktoren**

Besteht eine Aufgabe aus drei Faktoren oder mehr, berechnet man im ersten Schritt jeweils das Produkt aus zwei Faktoren. Danach fasst man die Ergebnisse zusammen und berechnet das nächste Produkt.

Beispiele:

$(-4) \cdot (+5) \cdot (-8) = (-20) \cdot (-8) = 160$

$(+4) \cdot (-6) \cdot (-3) \cdot (-10) = (-24) \cdot (+30) = -720$

$(-1) \cdot (-2) \cdot (-3) \cdot (-4) \cdot (-5) = (+2) \cdot (+12) \cdot (-5) = (+24) \cdot (-5) = -120$

Um dir die Berechnung im Kopf leichter zu machen, könnte man im letzten Beispiel im zweiten Schritt den Faktor (+12) und den Faktor (–5) auch vertauschen (Kommutativgesetz). Dann lautet der dritte Schritt $(-10) \cdot (+12) = -120$.

Merke:
Du kannst mögliche Fehler bei der Berechnung vermeiden, indem du die Faktoren so anordnest, dass dir das Kopfrechnen möglichst leicht fällt.

Übung 3 **Berechne die Produkte und ordne dabei die Faktoren so an, dass die Rechnung möglichst einfach wird.**

a) $(-4) \cdot (+17) \cdot (+25) =$

b) $(-8) \cdot (-20) \cdot (-5) =$

c) $(+2) \cdot (-34) \cdot (-500) =$

d) $(-200) \cdot (+19) \cdot (+5) =$

e) $(-20) \cdot (-6) \cdot (-50) \cdot (+3) =$

f) $(-6) \cdot (+40) \cdot (-25) =$

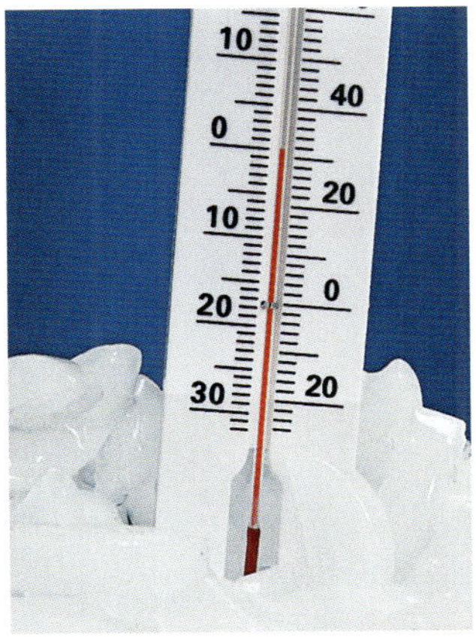

Lösungen Seite 115

5.4 Anwendung der Rechengesetze

Alles klar?! **Wichtige Rechengesetze**

Die Rechengesetze, die bei den natürlichen Zahlen gelten, haben auch bei den negativen Zahlen Gültigkeit.

Bei Addition und Multiplikation gelten das **Kommutativgesetz**

$$\mathbf{a + b = b + a} \quad \text{und} \quad \mathbf{a \cdot b = b \cdot a}$$

und das **Assoziativgesetz**

$$\mathbf{(a + b) + c = a + (b + c)} \quad \text{und} \quad \mathbf{(a \cdot b) \cdot c = a \cdot (b \cdot c)}$$

Bei der Verknüpfung von Punkt- und Strichrechnung gilt das **Distributivgesetz**

$$\mathbf{a \cdot b + a \cdot c = a \cdot (b + c)}$$

Beispiele:

$5 + (-4) = -4 + (+5) = 1$

$-17 \cdot (-4) = (-4) \cdot (-17) = 68$

$5 \cdot (-23) + (-17) \cdot 5 = 5 \cdot (-23 + (-17)) = 5 \cdot (-40) = -200$

$-26 \cdot 34 + 66 \cdot (-26) = (-26) \cdot (34 + 66) = -26 \cdot 100 = -2600$

Übung 1 **Rechne die Aufgaben so einfach wie möglich.**

a) $16 \cdot (-24) + (-24) \cdot 84 =$

b) $-17 \cdot 23 + 23 \cdot (-83) =$

c) $-37 \cdot 14 + 14 \cdot (-13) =$

d) $(-12) \cdot 456 + 544 \cdot (-12) =$

e) $127 \cdot (-13) - 27 \cdot (-13) =$

f) $-17 \cdot 243 - 143 \cdot (-17) =$

Lösungen Seite 115

Abschlusstest (20 Minuten)

Aufgabe 1 **Ordne die Zahlen nach ihrer Größe.**

a) –16, –34, 47, 81, –19, 2, –7

b) 112, –123, –98, 97, –16, –5, 12

c) –46, –37, 12, –15, –21, 65, –34, 18

Punkte: ☐ von 3

Aufgabe 2 **Berechne die Summe.**

a) 14 + (–18) =

b) (–12) + (–18) =

c) (–54) + (+16) =

d) (–63) + (–61) =

Punkte: ☐ von 4

Aufgabe 3 **Berechne die Differenz.**

a) 15 – (–21) =

b) –16 – (–28) =

c) –13 – (+34) =

d) –35 – (–68) =

Punkte: ☐ von 4

Lösungen Seite 115

Aufgabe 4 **Berechne das Produkt.**

a) $-14 \cdot (+7) =$

b) $23 \cdot (-11) =$

c) $-33 \cdot (-11) =$

d) $-12 \cdot 34 =$

Punkte: ☐ von 4

Aufgabe 5 **Berechne den Quotienten.**

a) $-42 : (-7) =$

b) $84 : (-3) =$

c) $-128 : (+4) =$

d) $256 : (-4) =$

Punkte: ☐ von 4

Aufgabe 6 **Rechne die Aufgaben (in deinem Übungsheft) so einfach wie möglich.**

a) $-15 \cdot 28 + 72 \cdot (-15) =$

b) $(-36) \cdot (-8) + (-2) \cdot (-36) =$

c) $-146 \cdot 18 + 18 \cdot 46 =$

Punkte: ☐ von 3

Punkte: ☐ von 22

20–22 Punkte: Super, alles verstanden!
12–19 Punkte: Schon gut, aber wiederhole noch einmal die Themen, die dir Probleme gemacht haben!
0–11 Punkte: Wiederhole noch einmal das ganze Kapitel, dann schaffst du es besser!

Lösungen Seite 115/116

6 Konstruktion und Bezeichnung in der Geometrie

Wie arbeite ich mit dem Lineal? Wie zeichne ich einen Kreis? Was ist ein Koordinatensystem? Diese und andere Fragen behandeln wir in diesem Kapitel. Wir lernen, was es mit Geraden, Halbgeraden und Strecken auf sich hat, und wie man sie konstruiert.

6.1 Das Koordinatensystem

Alles klar?! **Bestandteile eines Koordinatensystems**

Ein Koordinatensystem besteht aus einer waagerechten Achse, der **x-Achse**, die auch Abszisse genannt wird, und einer senkrechten Achse, der **y-Achse**, auch Ordinate genannt. Im Schnittpunkt der beiden Achsen liegt der **Ursprung**. Dort ist sowohl der Wert auf der x-Achse wie auch der Wert auf der y-Achse 0. Auf beiden Achsen werden Einheiten eingezeichnet. Dabei müssen die Einheiten auf der x-Achse und der y-Achse nicht unbedingt gleich lang sein. In positiver Richtung wird ein Pfeil gezeichnet, dann werden die beiden Achsen beschriftet.

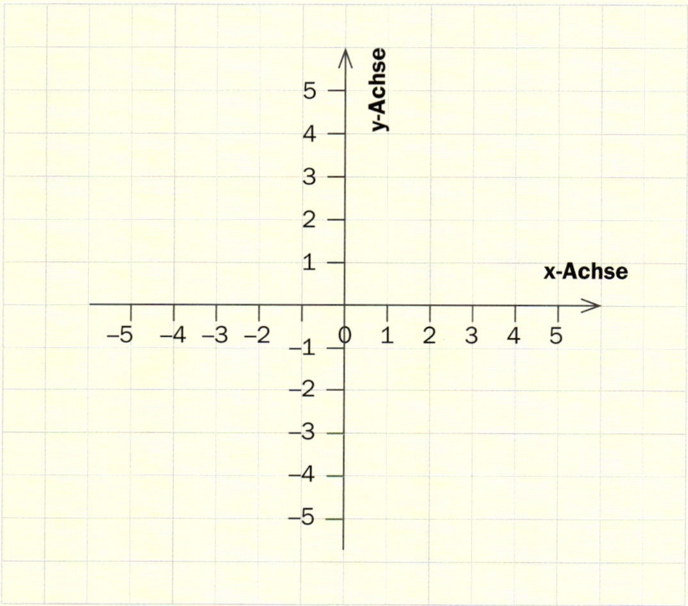

Punkte werden in einem Koordinatensystem angegeben, indem zunächst der x-Wert und dann der y-Wert eingetragen werden. Zeichnet man einen Punkt P(a/b), wobei a > 0 und b > 0, in ein Koordinatensystem ein, geht man vom Ursprung aus a Einheiten nach rechts und b Einheiten nach oben. Ist der x-Wert negativ, geht man nach links, ist der y-Wert negativ, geht man nach unten.

Beispiel:
Wir tragen die Punkte A(–1/–2), B(4/1) und C(2/4) in ein Koordinatensystem ein und verbinden diese Punkte zu einem Dreieck.

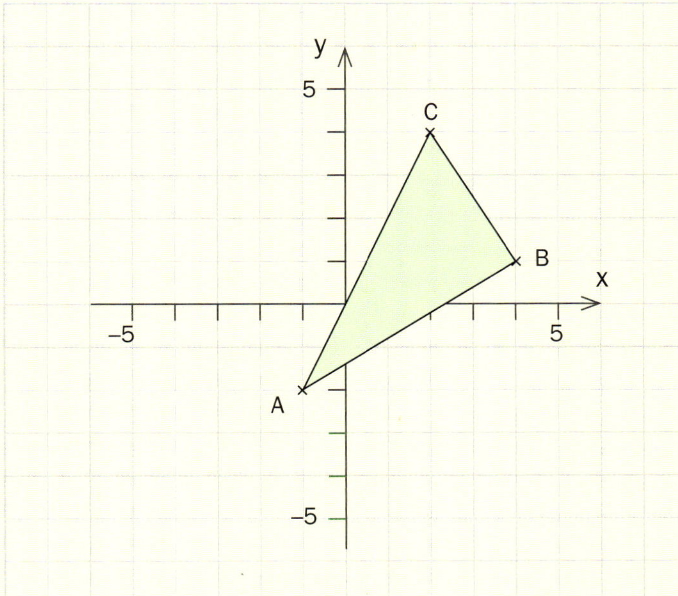

Übung 1 **Zeichne ein Koordinatensystem mit den Punkten A(–2/1), B(3/2), C(4/5) und D(–1/4) und verbinde sie zu einem Viereck.**

6.2 Strecken, Geraden und Halbgeraden

Alles klar?! **Definition von Strecke, Gerade und Halbgerade**

Gegeben sind zwei Punkte im Koordinatensystem.

Eine **Strecke** ist die direkte Verbindung von zwei Punkten. Dabei ist ein Punkt der Anfangs- und der andere Punkt der Endpunkt der Strecke.

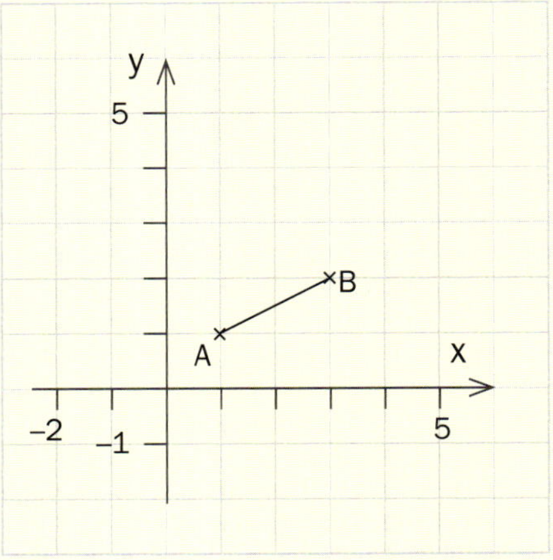

Eine **Halbgerade** hat in einem der gegebenen Punkte den Anfangspunkt, läuft durch den anderen Punkt hindurch und hat keinen Endpunkt.

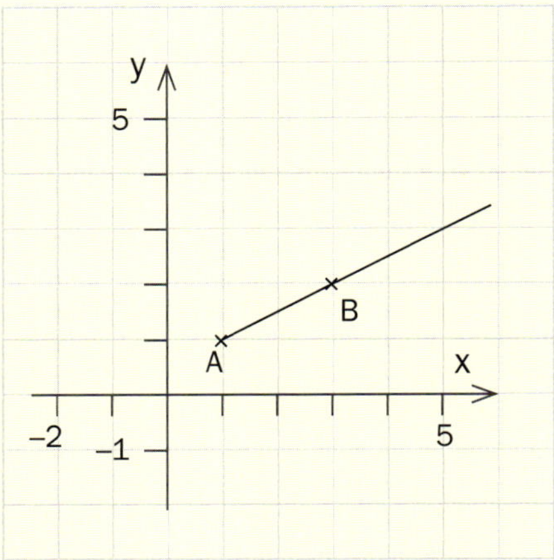

Bei einer **Geraden** gibt es keinen Anfangs- und keinen Endpunkt. Die gegebenen Punkte liegen auf der Geraden.

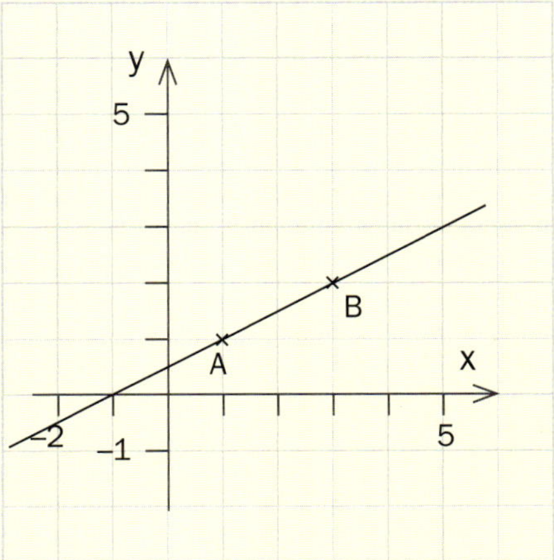

Beispiel: Gezeichnet ist eine Gerade g durch A(–1/–2) und B (2/3).

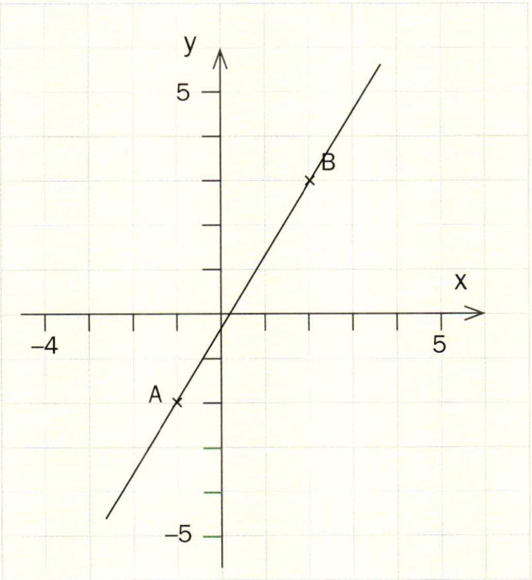

Beispiel: Gezeichnet ist eine Strecke von A(–3/1) nach B(4/–1).

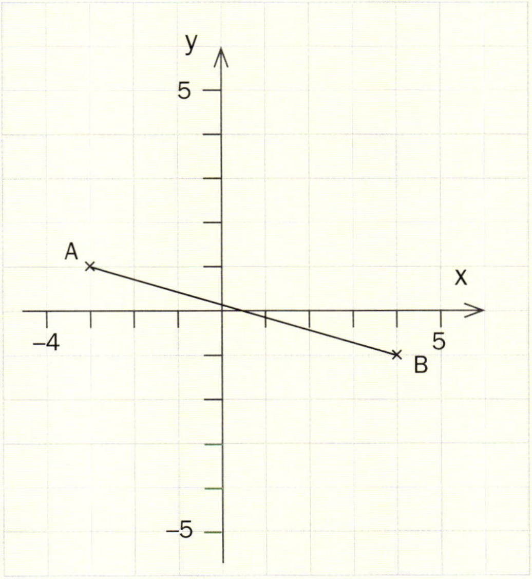

Beispiel: Gezeichnet ist eine Halbgerade mit A(–3/–2) als Startpunkt durch B(1/2).

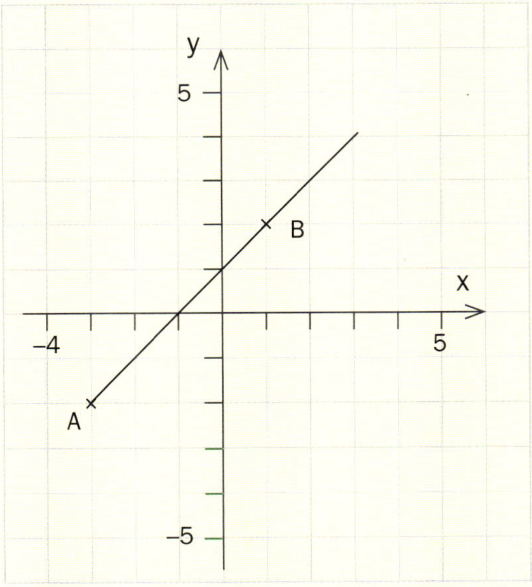

Übung 1 **Zeichne ein Koordinatensystem mit folgenden Strecken, Geraden und Halbgeraden.**

a) Halbgerade, Anfangspunkt A(–2/4) und durch B(1/2)
b) Gerade durch A(–3/–1) und B(1/4)
c) Strecke von A(–2/4) nach B(3/1)
d) Gerade durch Ursprung und A(2/2)
e) Strecke von A(–3/–4) nach B(4/1)
f) Halbgerade mit Anfangspunkt im Ursprung und durch B(–2/–3)

Lösungen Seite 116/117

Alles klar?! **Punkte sind Elemente von Geraden**

Eine Gerade g ist eine Menge von Punkten. Die Punkte sind Elemente der Geraden.
Verläuft eine Gerade durch den Punkt A, ist A Element von g, geschrieben $A \in g$.
Liegt der Punkt B nicht auf der Geraden, ist B nicht Element von g, geschrieben $B \notin g$.

Beispiel: Gegeben ist eine Gerade g durch A(–2/–1) und B(1/2).

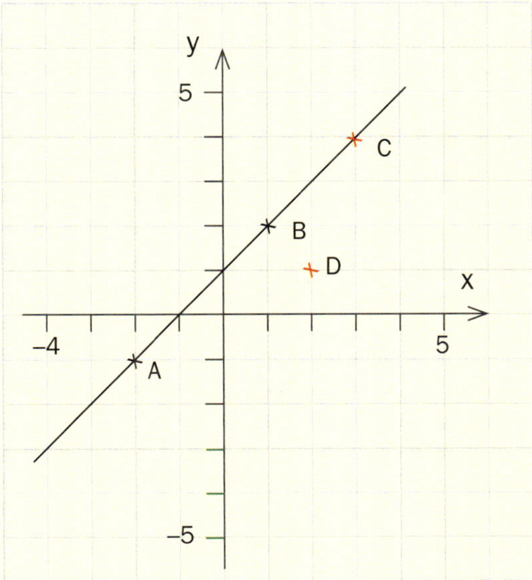

Der Punkt C(3/4) liegt auf g, also $C \in g$.
Der Punkt D(2/1) liegt nicht auf der Geraden, also $D \notin g$.

Übung 2 **Gegeben ist eine Gerade g durch A(1/1) und B(3/–1).**
Überprüfe, ob folgende Punkte Elemente der Geraden g sind.
C(2/0) D(0/4) E(5/–3) F(–2/4) G(0/0) H(–1/3)

Lösungen Seite 117

6.3 Lagebeziehung von Geraden

Alles klar?! **Lagebeziehung von Geraden**

Haben zwei Geraden g und h nur einen gemeinsamen Punkt A, sodass $A \in g$ und $A \in h$ gilt, ist A der Schnittpunkt von g und h.

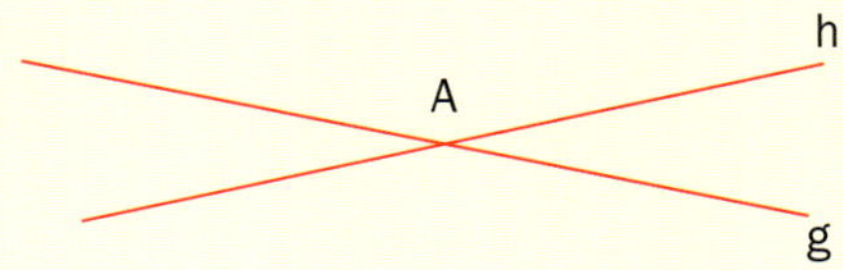

Haben zwei Geraden g und h mehr als einen gemeinsamen Punkt, sind sie identisch.

Haben zwei Geraden g und h keinen gemeinsamen Punkt, ist g parallel zu h, geschrieben $g \parallel h$.

Beispiel:
Eine Gerade g geht durch A(2/1) und B(4/5), eine Gerade h geht durch C(1/4) und D(5/2).

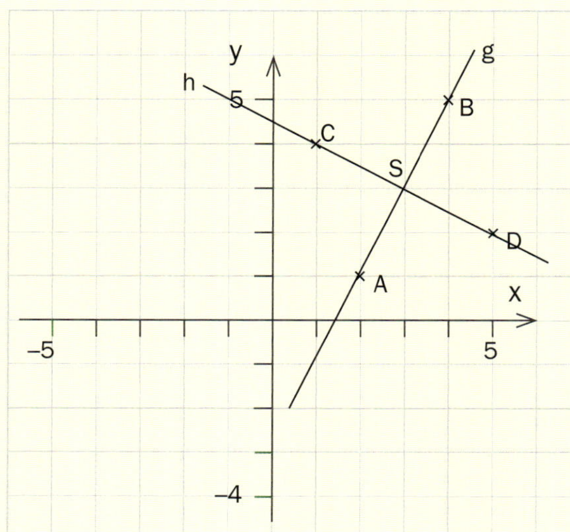

g und h schneiden sich im Punkt S(3/3).

Beispiel:
Eine Gerade g geht durch A(2/4) und B(3/5), eine andere Gerade h durch C(–1/–1) und D(1/1).

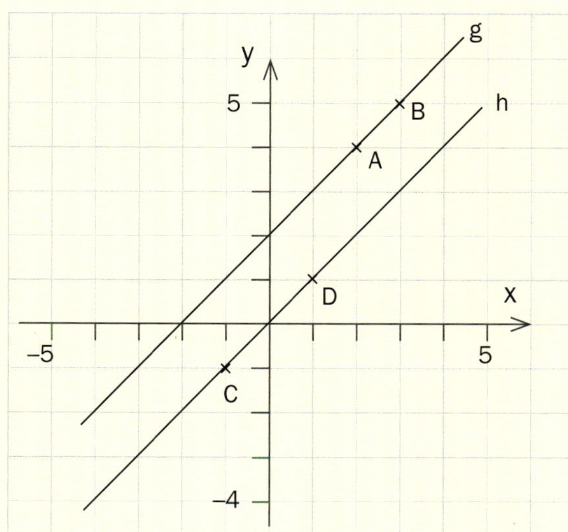

Die Geraden g und h sind parallel.

Alles klar?! **Orthogonalität**

Zwei Geraden g und h heißen orthogonal, wenn sie sich rechtwinklig schneiden. Man schreibt $g \perp h$. Im Koordinatensystem sind die Koordinatenachsen orthogonal.

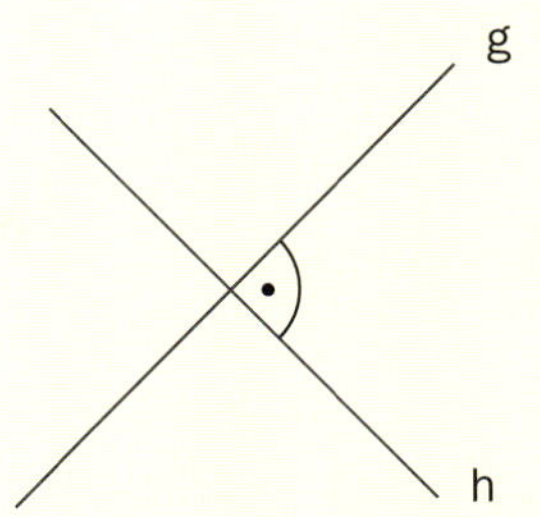

Beispiel:
Sind zwei Geraden g und h gegeben, kann man mit dem Geodreieck überprüfen, ob sie orthogonal sind.

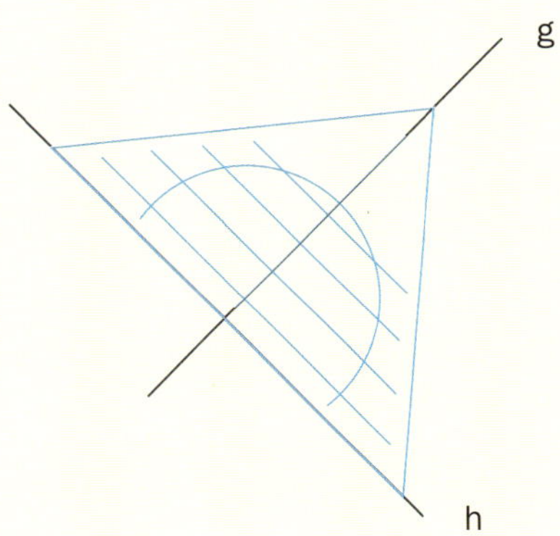

Beispiel:
Wenn man zu einer Geraden g eine orthogonale Gerade h zeichnen möchte, legt man das Geodreieck mit der Mittellinie auf die Gerade g und zeichnet die senkrechte Gerade h ein.

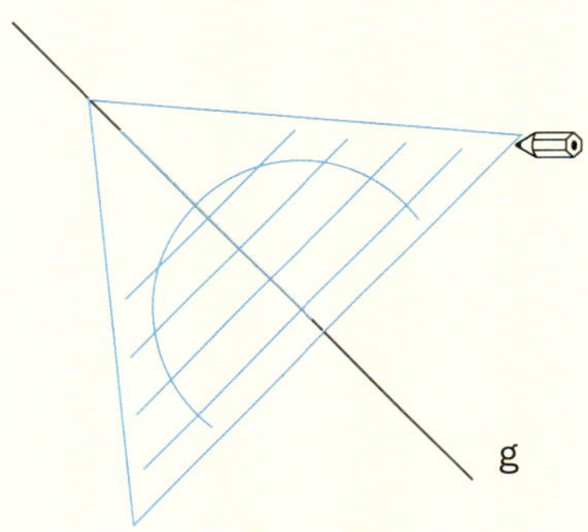

Übung 1 **Überprüfe die Lagebeziehung folgender Geraden.**

a) Gerade g durch A(1/4) und B(3/1) und Gerade h durch C(–1/3) und D(1/0)
b) Gerade g durch A(1/1) und B(2/3) und Gerade h durch C(–1/2) und D(3/0)

6.4 Kreislinien

Alles klar?! **Kreislinien**

Ein Kreis (eine Kreislinie) ist eine Menge von Punkten, die alle zu einem Punkt M, dem **Mittelpunkt** des Kreises, den gleichen Abstand r haben. Der Abstand **r** wird auch **Radius** genannt. Man bezeichnet einen Kreis mit k(M;r).

Ein Kreis wird konstruiert, indem man den Zirkel auf die Länge r einstellt, mit der Spitze den Zirkel im Mittelpunkt M fixiert und den Kreis zeichnet.

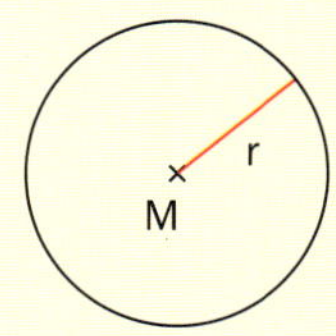

Beispiel:
Konstruiert ist hier ein Kreis mit Mittelpunkt M und Radius r = 3 cm. (1 cm in der Zeichnung = 0,5 cm auf deinem Lineal)

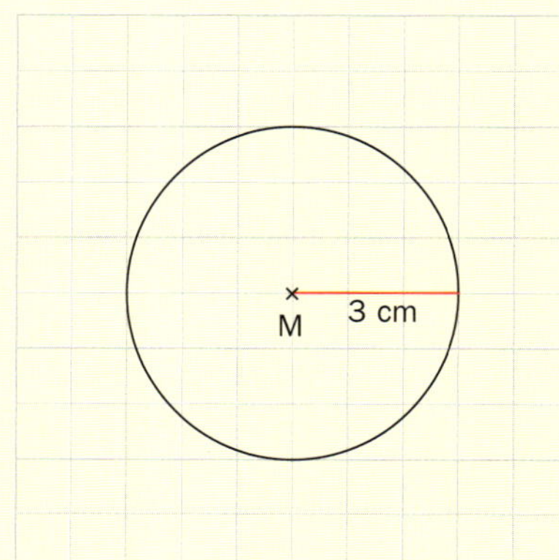

Übung 1 **Zeichne die Kreise mit den angegebenen Radien (1 cm = 1 Kästchen).**

a) r = 4 cm
b) r = 1,5 cm
c) r = 2,5 cm
d) r = 5 cm

Lösungen Seite 118

Alles klar?! **Schnittpunkte von Kreisen**

Sind zwei Kreise gegeben, bei denen die jeweiligen Mittelpunkte nicht im anderen Kreis liegen, so gelten folgende Regeln:

- Ist der Abstand der beiden Mittelpunkte kleiner als die beiden Radien der Kreise zusammen, haben die Kreise zwei Schnittpunkte.
- Ist der Abstand der Mittelpunkte gleich der Summe der Radien, haben sie einen Berührpunkt.
- Ist der Abstand größer als beide Radien zusammen, haben die Kreise keinen Schnittpunkt.

Beispiel:
Kreis 1 hat den Radius 4 cm,
Kreis 2 hat den Radius 2 cm.
Der Abstand der Mittelpunkte beträgt 6 cm.
(1 cm in der Zeichnung = 0,5 cm auf deinem Lineal)

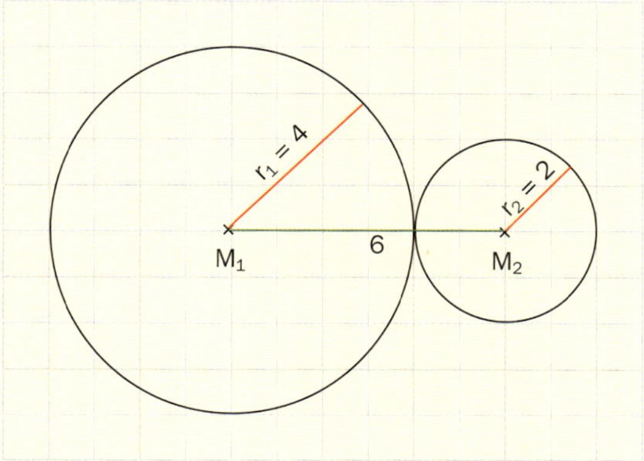

Beispiel:
Kreis 1 hat den Radius 4 cm,
Kreis 2 hat den Radius 1 cm.
Der Abstand der Mittelpunkte beträgt 6 cm.
(1 cm in der Zeichnung = 0,5 cm auf deinem Lineal)

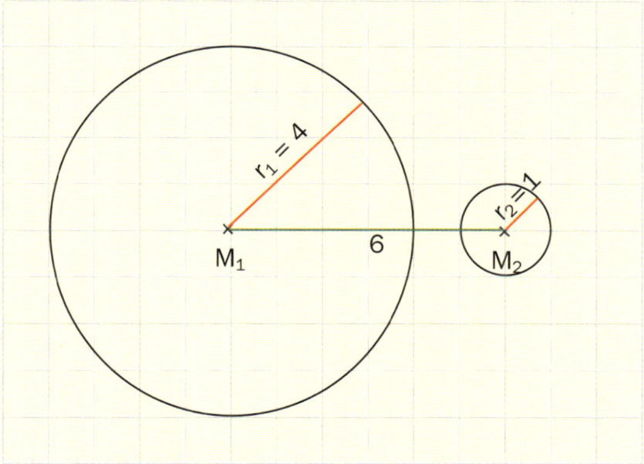

Beispiel:
Kreis 1 hat den Radius 4 cm,
Kreis 2 hat den Radius 3 cm.
Der Abstand der Mittelpunkte beträgt 6 cm.
(1 cm in der Zeichnung = 0,5 cm auf deinem Lineal)

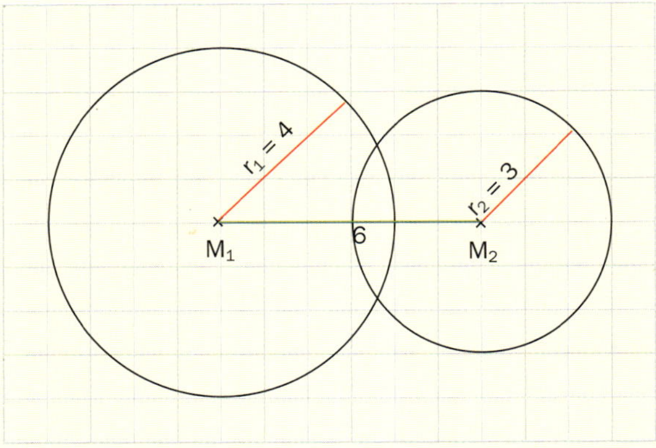

Übung 2 **Bestimme die Anzahl der Schnittpunkte.**

a) $r_1 = 5\ cm$, $r_2 = 4\ cm$ Abstand Mittelpunkte 7 cm

b) $r_1 = 7\ cm$, $r_2 = 3\ cm$ Abstand Mittelpunkte 11 cm

c) $r_1 = 6\ cm$, $r_2 = 8\ cm$ Abstand Mittelpunkte 14 cm

d) $r_1 = 5\ cm$, $r_2 = 5\ cm$ Abstand Mittelpunkte 5 cm

Lösungen Seite 118

Abschlusstest (20 Minuten)

Aufgabe 1 **Zeichne ein Koordinatensystem mit den Punkten A(–3/3), B(0/1), C(3/3) und D(0/5) und verbinde sie zu einem Viereck.**

Punkte: ☐ von 4

Aufgabe 2 **Zeichne folgende Geraden, Strecken und Halbgeraden.**

a) Halbgerade, Anfangspunkt A(–3/1) und durch B(4/2)
b) Gerade durch A(–3/5) und B(1/1)
c) Strecke von A(–3/–2) nach B(2/1)
d) Gerade durch Ursprung und A(–1/–3)

Punkte: ☐ von 4

Aufgabe 3 **Gegeben ist eine Gerade g durch A(4/5) und B(–1/–5). Sind die angegebenen Punkte Elemente von g?**

C(0/–4) D(0/–3) E(1/2) F(2/1

Punkte: ☐ von 4

Aufgabe 4 **Überprüfe g und h auf ihre Lagebeziehung.**

a) Gerade g durch A(3/4) und B(2/1) und Gerade h durch C(–1/–1) und D(1/5)
b) Gerade g durch A(1/1) und B(3/3) und Gerade h durch C(–1/2) und D(2/–1)

Punkte: ☐ von 4

Lösungen Seite 119/120

Aufgabe 5 **Zeichne folgende Kreise.**

a) r = 4 cm b) r = 3,5 cm c) r = 2 cm d) r = 4,5 cm
(1 cm in der Zeichnung = 0,5 cm auf deinem Lineal)

Punkte: ☐ von 4

Aufgabe 6 **Bestimme die Anzahl der Schnittpunkte.**

a) $r_1 = 3\ cm$, $r_2 = 3\ cm$ Abstand Mittelpunkte 5 cm
b) $r_1 = 5\ cm$, $r_2 = 2\ cm$ Abstand Mittelpunkte 8 cm
c) $r_1 = 3\ cm$, $r_2 = 1\ cm$ Abstand Mittelpunkte 4 cm

Punkte: ☐ von 3

Punkte: ☐ von 23

21–23 Punkte: Super, alles verstanden!
13–20 Punkte: Schon gut, aber wiederhole noch einmal die Themen, die dir Probleme gemacht haben!
0–12 Punkte: Wiederhole noch einmal das Kapitel, dann wirst du es besser schaffen!

Lösungen Seite 120

7

Größen und ihre Einheiten

Du bist zum Beispiel 11 Jahre alt, wiegst 35 kg und bist 1,51 m groß. Um Größen vergleichbar zu machen, brauchen wir feste Einheiten. In diesem Kapitel betrachten wir verschiedene Größen aus dem Alltag, zum Beispiel Längen-, Gewichts- oder Zeiteinheiten. Außerdem werden wir Textaufgaben behandeln. Überlege dir schon einmal, welche Einheiten du bereits kennst.

7.1 Längeneinheiten

Alles klar?! **Meter, Zentimeter & Co**

Folgende Längeneinheiten werden im Alltag benutzt:
Millimeter (mm), Zentimeter (cm), Dezimeter (dm), Meter (m) und Kilometer (km).

Die Längeneinheiten kann man folgendermaßen umrechnen:

1 km	=	1000 m	=	10 000 dm	=	100 000 cm	=	1 000 000 mm
		1 m	=	10 dm	=	100 cm	=	1000 mm
				1 dm	=	10 cm	=	100 mm
						1 cm	=	10 mm

Diese Längen können in eine Stellenwerttafel eingetragen werden. Man kann sie auch in einer Kommaschreibweise angeben.

Beispiele: Wir zerlegen die Längen in verschiedene Einheiten.

2400 m

km			m			dm	cm	mm
H	**Z**	**E**	**H**	**Z**	**E**	**E**	**E**	**E**
		2	**4**	**0**	**0**			

2400 m = 2000 m + 400 m = 2 km + 400 m

In der Stellenwerttafel können wir auch die Kommaschreibweise ablesen. Wollen wir die Länge in km angeben, stehen die km-Stellen vor dem Komma, der Rest dahinter.
2400 m = 2,4 km

384 cm

km			m			dm	cm	mm
H	**Z**	**E**	**H**	**Z**	**E**	**E**	**E**	**E**
					3	**8**	**4**	

384 cm = 300 cm + 80 cm + 4 cm = 3 m + 8 dm + 4 cm
384 cm = 3,84 m

25184 mm

km			m			dm	cm	mm
H	**Z**	**E**	**H**	**Z**	**E**	**E**	**E**	**E**
				2	**5**	**1**	**8**	**4**

25184 mm = 25000 mm + 100 mm + 80 mm + 4 mm = 25 m + 1 dm + 8 cm + 4 mm

25148 mm = 25,148 m

45003 dm

km			m			dm	cm	mm
H	**Z**	**E**	**H**	**Z**	**E**	**E**	**E**	**E**
		4	**5**	**0**	**0**	**3**		

45003 dm = 40000 dm + 5000 dm + 3 dm = 4 km + 500 m + 3 dm

45003 dm = 4,5003 km

Übung 1 **Zerlege die Längen in die einzelnen Einheiten und gib sie in der größtmöglichen Einheit in der Kommaschreibweise an.**

a) 2113 cm

b) 674 mm

c) 3218 dm

d) 6800 m

e) 21410 dm

f) 5158 mm

Übung 2 **Tinas Vater hat ein neues Auto. Es ist 4532 mm lang. Passt es in die 5 m lange Garage?**

Lösungen Seite 121

7.2 Gewichtseinheiten

Alles klar?! **Kilogramm, Gramm & Co**

Folgende Gewichtseinheiten werden im Alltag benutzt:
Tonne (t), Kilogramm (kg), Gramm (g) und Milligramm (mg).

Die Gewichtseinheiten kann man folgendermaßen umrechnen:

1 t	=	1000 kg	=	1 000 000 g	=	1 000 000 000 mg
		1 kg	=	1000 g	=	1 000 000 mg
				1 g	=	1000 mg

Gewichte können ebenfalls in eine Stellenwerttafel eingetragen werden. Und auch hier ist die Kommaschreibweise möglich.

Beispiele:
Wir zerlegen die Gewichte in die einzelnen Einheiten.

4256 kg

t			kg			g			mg		
H	Z	E	H	Z	E	H	Z	E	H	Z	E
		4	2	5	6						

4256 kg = 4000 kg + 256 kg = 4 t + 256 kg

4256 kg = 4,256 t

---

7 534 256 mg

t			kg			g			mg		
H	Z	E	H	Z	E	H	Z	E	H	Z	E
					7	5	3	4	2	5	6

7 534 256 mg = 7 000 000 mg + 534 000 mg + 256 mg = 7 kg + 534 g + 256 mg

7 534 256 mg = 7,534256 kg

4000001 g

t			kg			g			mg		
H	Z	E	H	Z	E	H	Z	E	H	Z	E
		4	0	0	0	0	0	1			

4000001 g = 4 t + 1 g

4000001 g = 4,000001 t

Merke:
Bei Gewichtseinheiten ist der Umrechnungsfaktor von einer Einheit auf die nächstkleinere Einheit immer 1000.

Übung 1 **Zerlege die Gewichte in die einzelnen Einheiten und gib sie in der größtmöglichen Einheit in der Kommaschreibweise an.**

a) 18412 g

b) 45486 kg

c) 2554117 mg

d) 3001 g

e) 7400312546 mg

f) 126453 g

Lösungen Seite 121

7.3 Zeiteinheiten

Alles klar?! **Stunde, Minute & Co**

Mit folgenden Zeiteinheiten werden wir rechnen:
Tag (d), Stunde (h), Minute (min) und Sekunde (s).

Die Zeiteinheiten werden folgendermaßen umgerechnet:

1 d = 24 h   1 h = 60 min   1 min = 60 s

Stellenwerttafel und Kommaschreibweise kann man bei Zeiteinheiten nicht benutzen.

Beispiel:

284 min = 240 min + 44 min = 4 h + 44 min

240 ist das größte Vielfache von 60, das in 284 steckt. Es bleiben also noch 44 min übrig.

Beispiel:

88 h = 72 h + 16 h = 3 d + 16 h

72 ist das größte Vielfache von 24, das in 88 steckt. Es bleiben 16 h übrig.

Übung 1 **Rechne in die nächstgrößere Einheit um.**

a) 612 s

b) 487 h

c) 590 min

d) 264 h

e) 721 s

f) 1214 min

Lösungen Seite 121

7.4 Addieren von Einheiten

Alles klar?! **Addieren von Einheiten**

Sollen verschiedene Einheiten addiert werden, muss man sie zunächst auf eine gemeinsame Einheit bringen. Dann addiert man die Größen.

Beispiele:

4 km + 546 m = 4000 m + 546 m = 4546 m

5 t + 241 kg = 5000 kg + 241 kg = 5241 kg

3 h + 7 min = 180 min + 7 min = 187 min

12 km + 368 m + 80 dm = 12 000 m + 368 m + 8 m = 12 376 m

Im letzten Beispiel haben wir km in die kleinere und dm in die größere Einheit umgewandelt.

Übung 1 **Addiere folgende Größen.**

a) 7 km + 8 m =

b) 7 g + 150 mg =

c) 2 d + 7 h =

d) 7 m + 5 dm =

e) 2 kg + 2000 mg =

f) 3 km + 400 cm =

Lösungen Seite 121

7.5 Textaufgaben

Alles klar?! **Aus dem Text eine Rechnung machen**

Textaufgaben beinhalten ganz normale Rechenaufgaben. Ziel ist es, die im Text angegebenen Informationen in eine Rechenaufgabe zu übersetzen und die Aufgabenstellung richtig umzusetzen. Folgende Fragen helfen dir dabei:

1. Welche Informationen sind gegeben?
2. Was soll ich berechnen?
3. Wie muss ich rechnen?

Wenn diese Fragen beantwortet sind, kann man jede Textaufgabe lösen.
Am Ende einer Textaufgabe steht immer ein Antwortsatz.

Beispiel:

Nach 258 km Fahrt macht Christians Vater eine Rast.
Jetzt sind es nur noch 324 km zum Urlaubsort.

1. Welche Informationen sind gegeben?
   Antwort: die zurückgelegte Strecke und die noch zu fahrende Strecke.

2. Was soll ich berechnen?
   Antwort: die Gesamtstrecke in den Urlaub.

3. Wie muss ich rechnen?
   258 km + 324 km = 582 km

Christian und sein Vater müssen insgesamt 582 km fahren.

Beispiel:

Sandra ist im letzten Jahr so schnell gewachsen, dass sie neue Kleider braucht. Ihre Mutter kauft ihr 3 Hosen zu jeweils 35 €, eine Jacke zum Preis von 54 €, 4 Blusen für jeweils 15 € und 2 T-Shirts für je 9 €€.

1. Welche Informationen sind gegeben?
   Anzahl und Preise der gekauften Kleidungsstücke.

2. Was soll ich berechnen?
   Den Gesamtpreis.

3. Wie muss ich rechnen?
   $3 \cdot 35 + 54 + 4 \cdot 15 + 2 \cdot 9 = 105 + 54 + 60 + 18 = 237$ €

Sandras Mutter hat Kleider für 237 € gekauft.

Beispiel:

Familie Sprank will sich ein neues Auto kaufen. Der Wagen kostet 31 400 €. Für ein Navigationssystem kommen 2400 €, für Sportsitze 500 € und für ein Schiebedach 980 € dazu.

1. Welche Informationen sind gegeben?
   Preis des Wagens und Preise des Zubehörs.

2. Was soll ich berechnen?
   Den Gesamtpreis des Wagens.

3. Wie muss ich rechnen?
   $31\,400 + 2400 + 500 + 980 = 35\,280$ €€

Der Wagen kostet insgesamt 35 280 €.

Übung 1 **Bearbeite folgende Textaufgaben in deinem Übungsheft.**

a) In einem Gestüt werden alle Pferde mit Hufeisen neu beschlagen. Es werden insgesamt 1648 Hufeisen benötigt.

b) Eine Metallstange von 6 m Länge soll in 20 gleich lange Stücke zerlegt werden.

c) Der Inhaber eines Restaurants kauft 64 Stühle zum Stückpreis von 114 €.

d) Ein Autolaster wiegt 7400 kg. Er hat 6 PKW geladen, die jeweils 1500 kg wiegen.

e) Christine und Anton haben ausgerechnet, dass sie 20 160 Minuten im Urlaub waren.

f) 120 Fußbälle wiegen 72 kg.

Lösungen Seite 122

Abschlusstest (20 Minuten)

Aufgabe 1 **Zerlege die Längen in die einzelnen Einheiten und gib sie in der größtmöglichen Einheit in Kommaschreibweise an.**

a) 456 cm

b) 124 dm

c) 5461 m

d) 75 cm

Punkte: ☐ von 4

Aufgabe 2 **Zerlege die Gewichte in die einzelnen Einheiten und gib sie in der größtmöglichen Einheit in Kommaschreibweise an.**

a) 3125 mg

b) 71 656 g

c) 4117 kg

d) 2489 g

Punkte: ☐ von 4

Aufgabe 3 **Rechne in die nächstgrößere Einheit um.**

a) 486 min

b) 321 h

c) 490 s

d) 408 h

Punkte: ☐ von 4

Lösungen Seite 122

Aufgabe 4 **Aus einer Tüte mit 1 kg Mehl wurden 180 g herausgenommen.**

Punkte: ☐ von 3

Aufgabe 5 **Till hat für seine Fahrt in den Urlaub genau 21600 s gebraucht. Claudia war bei ihrer Fahrt nach 330 min am Ziel.**

Punkte: ☐ von 3

Aufgabe 6 **Eine Flasche Orangensaft kostet 2 €. In einer Kiste sind 8 Flaschen. Familie Marbes kauft 3 Kisten.**

Punkte: ☐ von 3

Punkte: ☐ von 21

18–21 Punkte: Prima, alles verstanden!
11–17 Punkte: Schon ganz gut, aber wiederhole noch einmal die Themen, die dir Probleme gemacht haben!
0–10 Punkte: Wiederhole noch einmal das ganze Kapitel, dann schaffst du es besser!

Lösungen Seite 123

8 Flächen

Figuren, die von geraden Seiten begrenzt werden und geschlossen sind, nennt man geradlinig begrenzte Figuren. Dazu zählen zum Beispiel Dreiecke, Rechtecke und Quadrate. Diese Figuren werden auch nach der Anzahl ihrer Ecken klassifiziert, zum Beispiel Drei-, Vier-, Fünf- oder Sechsecke. Im letzten Kapitel betrachten wir spezielle Vielecke und berechnen deren Flächeninhalt.

8.1 Bezeichnung von Vielecken

Alles klar?! **Bezeichnung von Vielecken**

Vielecke werden nach der Anzahl der Ecken benannt. Jedes Vieleck ist von Seiten begrenzt, die die gleiche Anzahl wie die Ecken haben. Ecken werden mit großen, die Strecken dazwischen mit kleinen Buchstabe gekennzeichnet.

Beispiel:
Dreieck

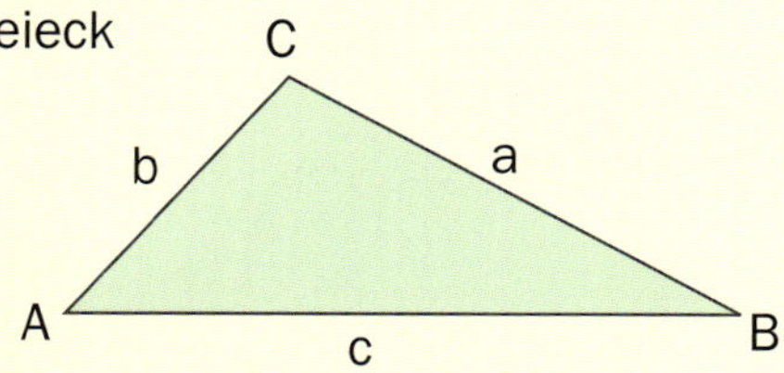

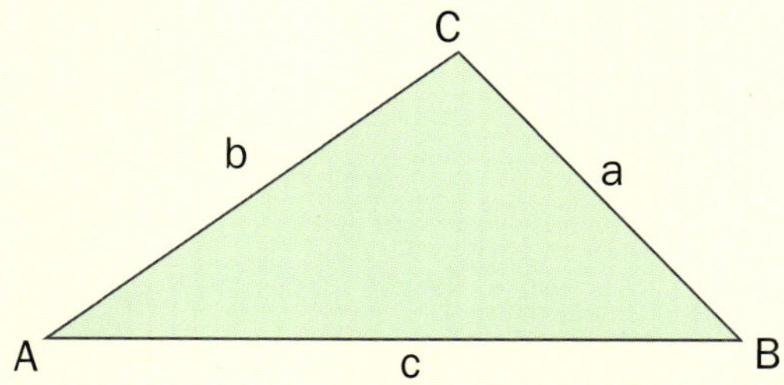

Beispiel:
Viereck

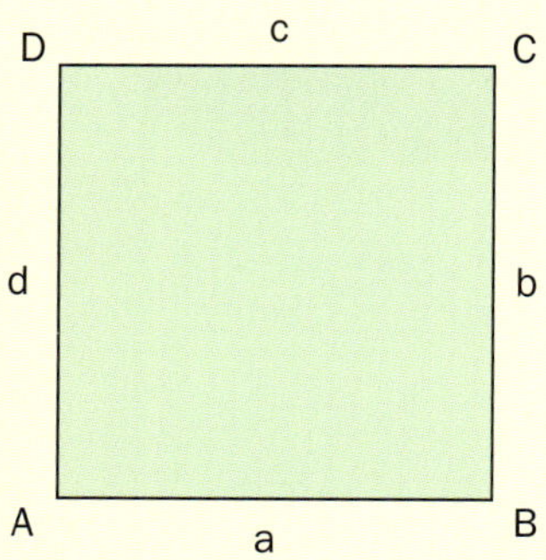

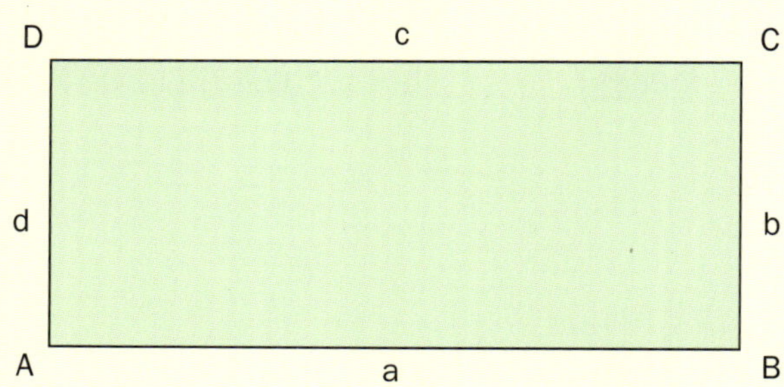

Beispiel:
Fünfeck

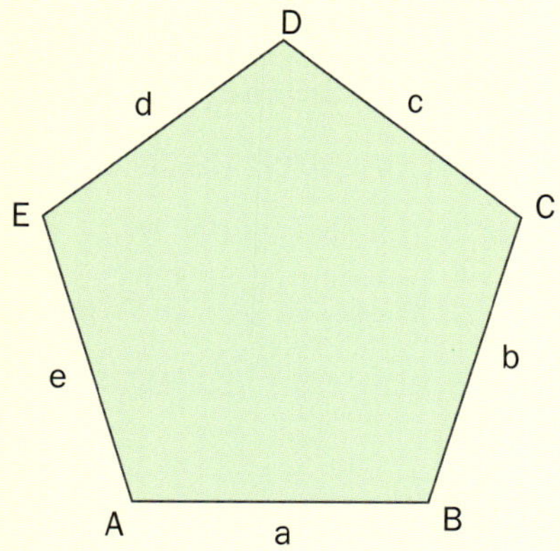

Beispiel:
Sechseck

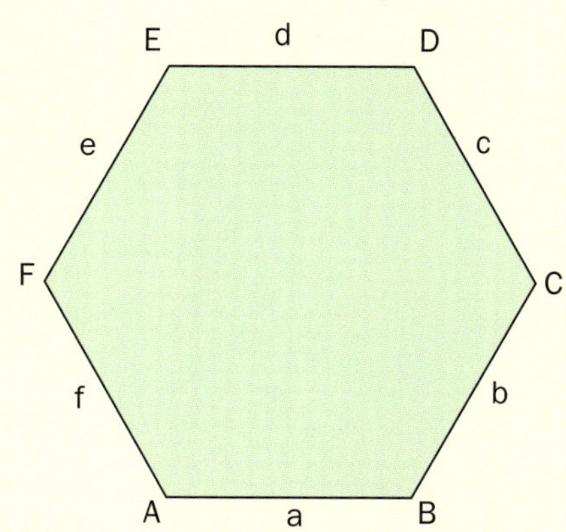

8.2 Spezielle Vierecke

Alles klar?! **Eigenschaften von speziellen Vierecken**

Es gibt spezielle Vierecke, die sich in ihren Eigenschaften gleichen.
Unterscheidungsmerkmale sind **Parallelität**, **Orthogonalität** und **Länge** der Seiten.

Folgende Bezeichnungen sind wichtig:
$|a|$ = Länge von a
$a \parallel b$ bedeutet: a ist parallel zu b.
$a \perp b$ bedeutet: b steht senkrecht auf a.
Für „senkrecht aufeinander stehen" sagt man auch: **rechtwinklig** oder **orthogonal**.

Beispiele:
1) Quadrat

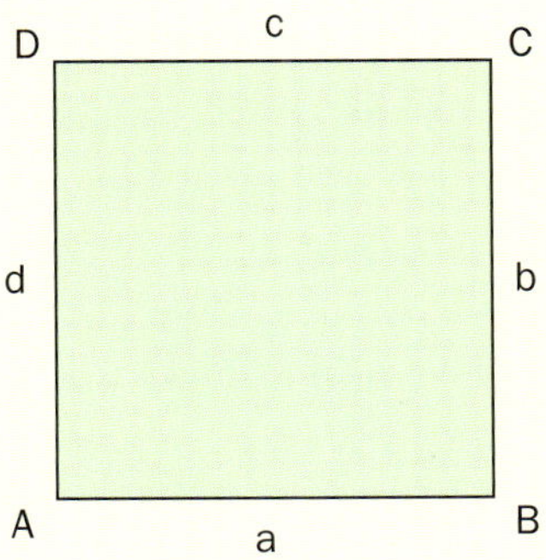

Ein Quadrat besteht aus vier gleich langen Seiten, die rechtwinklig aufeinander stehen.

Regel: $|a| = |b| = |c| = |d|$ **und** $a \parallel c$ **und** $b \parallel d$ **und** $a \perp b$
Aus $a \perp b$ folgt im Quadrat $c \perp d$, $a \perp d$ und $b \perp c$

2) Rechteck

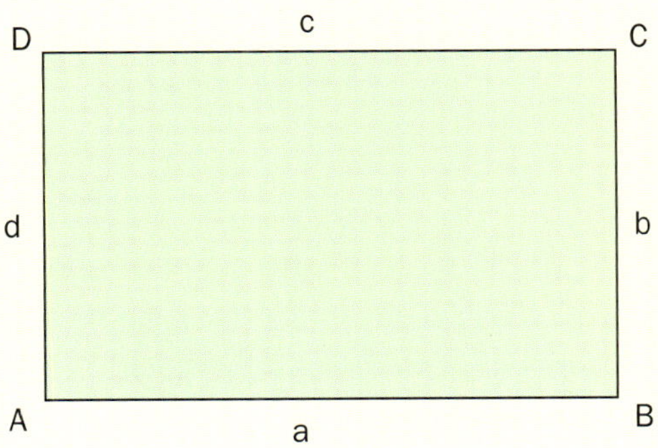

Ein Rechteck besteht aus zwei parallelen Seitenpaaren, die jeweils gleich lang sind und senkrecht aufeinander stehen.

Regel: $|a| = |c|$ **und** $a \parallel c$ **wie auch** $|b| = |d|$ **und** $b \parallel d$ **und** $a \perp b$

Der Unterschied zwischen Rechteck und Quadrat besteht darin, dass beim Rechteck nur jeweils zwei Seiten gleich lang sein müssen.
Wie beim Quadrat folgt auch beim Rechteck aus $a \perp b$, dass $c \perp d$, $a \perp d$ und $b \perp c$.

3) Parallelogramm

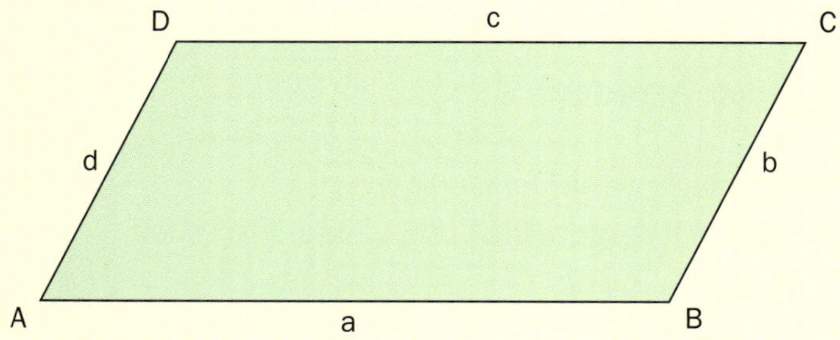

Ein Parallelogramm besteht aus zwei parallelen Seitenpaaren, die gleich lang, aber nicht rechtwinklig zueinander sind.

Regel: $|a| = |c|$ **und** $a \| c$ **wie auch** $|b| = |d|$ **und** $b \| d$

Jedes Quadrat ist ein besonderes Rechteck, da jedes Quadrat alle Bedingungen für ein Rechteck erfüllt. Jedes Rechteck ist ein besonderes Parallelogramm, da jedes Rechteck alle Bedingungen für ein Parallelogramm erfüllt.

4) Raute

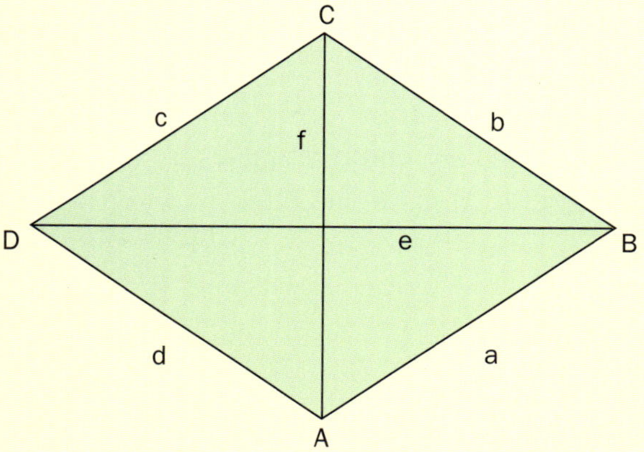

Eine Raute besteht aus vier gleich langen Seiten, die paarweise parallel sind. Die Diagonalen stehen senkrecht aufeinander.

Regel: $|a| = |b| = |c| = |d|$ **und** $a \| c$ **und** $b \| d$.
Es gilt $e \perp f$.

Jedes Quadrat ist auch eine spezielle Raute, da jedes Quadrat alle Bedingungen einer Raute erfüllt. Allerdings ist bei einer Raute die Orthogonalität (Rechtwinkligkeit der Seiten) nicht vorgeschrieben.

5) Gleichschenkliges Trapez

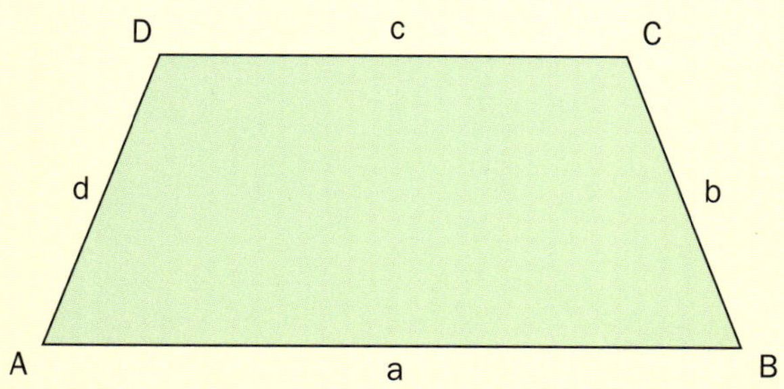

Ein Trapez besteht aus einem Seitenpaar, das parallel und nicht gleich lang sein muss, und einem weiteren gleichschenkligen Seitenpaar, das gleich lang, aber nicht parallel ist.

Regel: $|a| \neq |c|$ **und** $a \| c$ **und** $|b| = |d|$

6) Allgemeines Trapez

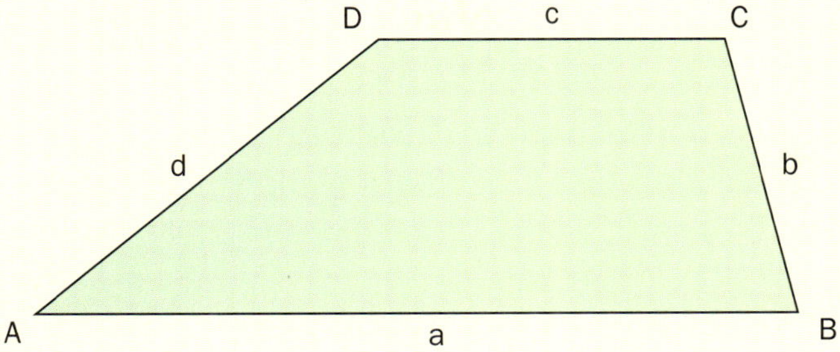

Beim allgemeinen Trapez ist die einzige Bedingung, dass ein Seitenpaar parallel ist.

Regel: $a \parallel c$ **oder** $b \parallel d$

7) Drachen

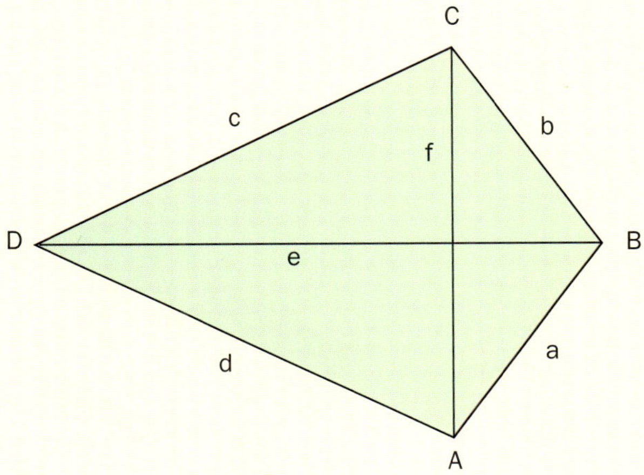

Beim Drachen haben wir zwei Paare von benachbarten, gleich langen Seiten.

Regel: $|a| = |b|$ **und** $|c| = |d|$ **und** $e \perp f$

Übung 1 **Überprüfe, ob folgende Aussagen wahr oder falsch sind.**

a) Jedes Rechteck ist ein Parallelogramm.

b) Jedes Parallelogramm ist eine Raute.

c) Jedes Trapez hat ein paralleles Seitenpaar.

d) Jedes Parallelogramm ist ein Rechteck.

Lösungen Seite 123

8.3 Einheiten der Flächenberechnung

Alles klar?! **Flächengrößen**

Bei der Flächenberechnung ist es wichtig, eine Vorstellung von Größen zu haben.
Die Fläche eines normalen Spielwürfels beträgt ungefähr 1 Quadratzentimeter (cm^2), die Fläche eines DIN-A4-Blatts Papier ungefähr 624 cm^2 und die Fläche eines Fußballfeldes circa 5250 Quadratmeter (m^2).

Umrechnung der Einheiten:

$1\ m^2 = 100\ dm^2$
$1\ dm^2 = 100\ cm^2$
$1\ cm^2 = 100\ mm^2$

Beispiel:
Umrechnung von Quadratmeter in Quadratzentimeter:

$3{,}4\ m^2 = 340\ dm^2 = 34\,000\ cm^2$

Beispiel:
Umrechnung von Quadratmillimeter in Quadratdezimeter:

$4500\ mm^2 = 45\ cm^2 = 0{,}45\ dm^2$

Merke: Bei der Umrechnung von der größeren in die kleinere Flächeneinheit muss man immer mal 100 rechnen, bei der Umrechnung von der kleineren Einheit zur größeren immer geteilt durch 100.

Übung 1 **Wandle um.**

a) $4{,}5\ m^2$ in cm^2

b) $12\,000\ mm^2$ in dm^2

c) $0{,}4\ dm^2$ in mm^2

d) $400\ cm^2$ in m^2

Lösungen Seite 123

8.4 Flächen- und Umfangberechnung

Alles klar?! **Fläche und Umfang**

Als Beispiel betrachten wir ein Rechteck. Es ist 7 cm breit und 5 cm hoch. Füllt man diese **Fläche** mit Quadraten aus, die 1 cm Kantenlänge haben, kann man in die untere Reihe 7 Quadrate legen. Von diesen Reihen können wir wiederum 5 übereinanderstapeln.

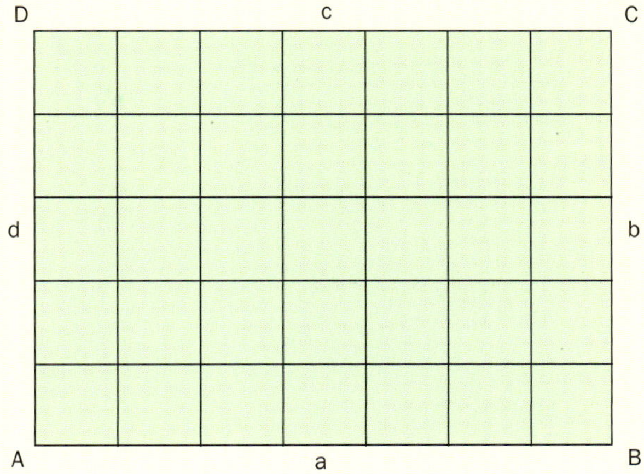

Also haben wir in diesem Beispiel 7 · 5 = 35 Quadrate. Somit hat dieses Rechteck einen Flächeninhalt von $A = 7 \cdot 5 = 35\ cm^2$.

Der **Umfang** ist die Länge, die sich ergibt, wenn man eine Figur so lange umrundet, bis man wieder zum Ausgangspunkt zurückgekehrt ist. In unserem Beispiel ergibt sich demnach:
$U = 7 + 5 + 7 + 5 = 2 \cdot 7 + 2 \cdot 5 = 24$ cm

Die Fläche wird immer mit A bezeichnet, der Umfang mit U.

Beispiele:

1) Quadrat

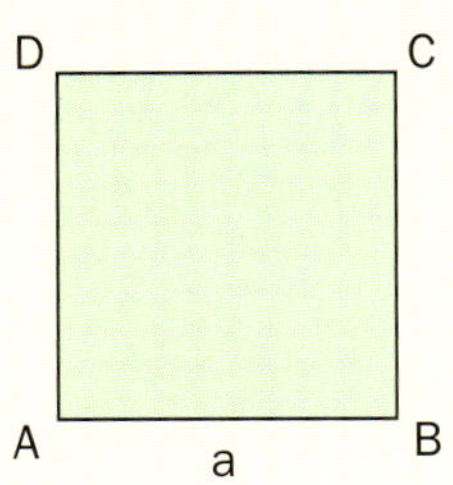

Seitenlänge a
$A = a \cdot a = a^2$
$U = 4 \cdot a$

2) Rechteck

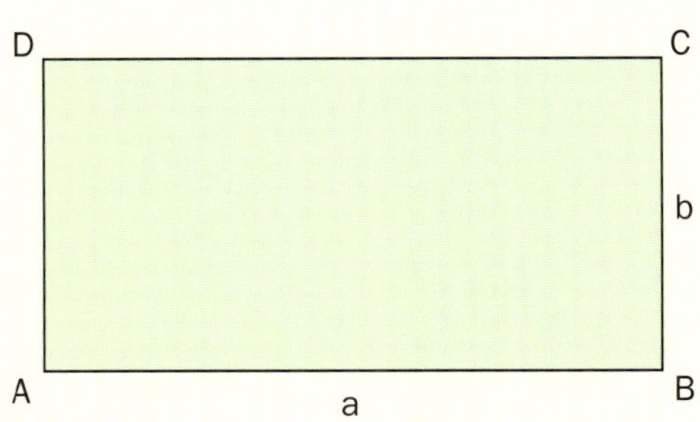

Seitenlängen a und b
$A = a \cdot b$
$U = 2 \cdot a + 2 \cdot b$

3) Parallelogramm

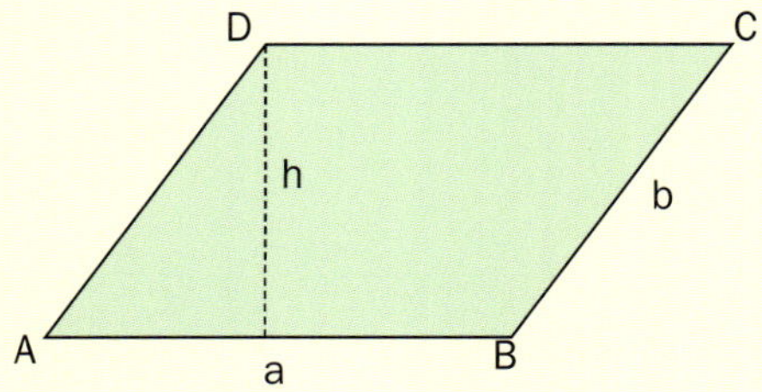

Seitenlängen a und b
Höhe h
$A = a \cdot h$
$U = 2 \cdot a + 2 \cdot b$

4) Trapez

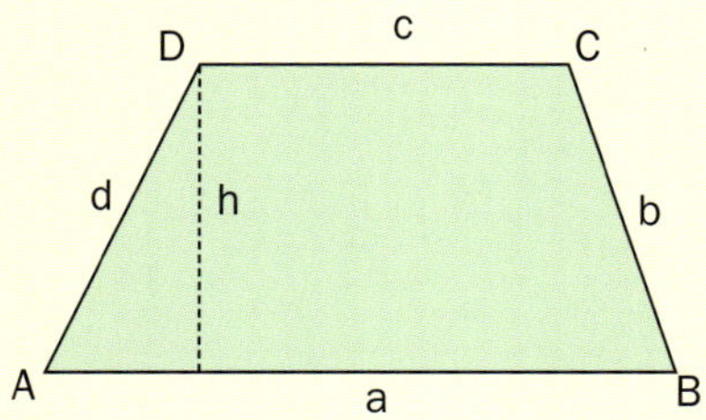

Seitenlängen a, b, c und d
a ist parallel zu c, Höhe h
$A = \frac{a + c}{2} \cdot h$

$U = a + b + c + d$

5) Raute

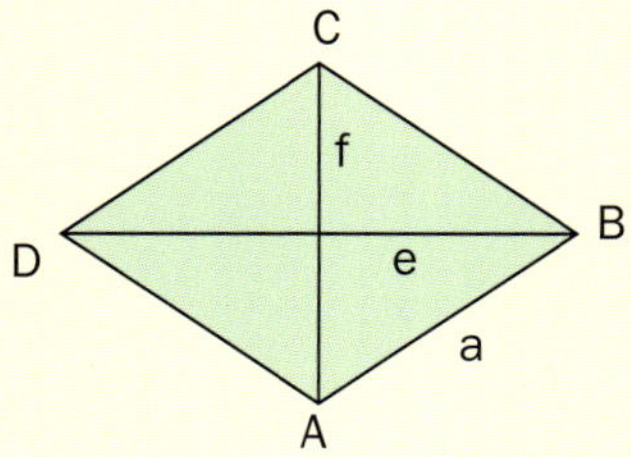

Seitenlänge a,
Diagonalen e und f
$A = \frac{e \cdot f}{2}$

$U = 4 \cdot a$

6) Drachen

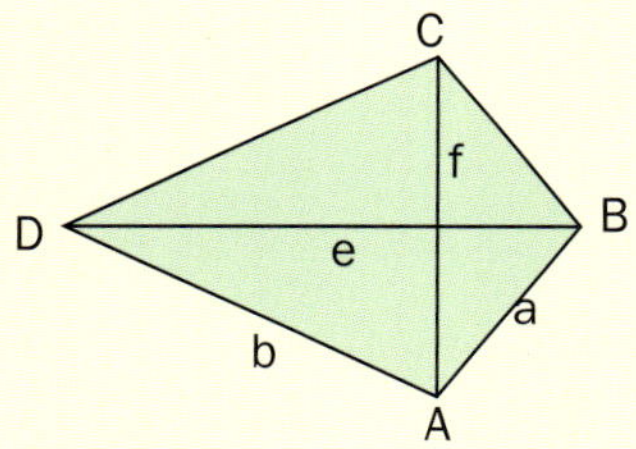

Seitenlängen a und b,
Diagonalen e und f
$A = \frac{e \cdot f}{2}$

$U = 2 \cdot a + 2 \cdot b$

Übung 1 **Berechne Flächeninhalt und Umfang.**

a) Rechteck: a = 12 cm, b = 8 cm

b) Parallelogramm: a = 8 cm, b = 5 cm, h = 3 cm

c) Trapez: a = 8 cm, b = 4 cm, c = 5 cm,
d = 3,5 cm, h = 2 cm, a ist parallel zu c

d) Drachen: a = 7 cm, b = 4 cm, e = 9 cm, f = 4 cm

Lösungen Seite 124

8.5 Achsensymmetrische Figuren

Alles klar?! **Achsensymmetrie**

Eine Figur, die durch eine Spiegelung an einer Achse auf sich selbst abgebildet wird, heißt **achsensymmetrische Figur**. Die Achse nennt man **Symmetrieachse** oder auch Spiegelachse. Stellt man auf diese Achse einen Spiegel, so erhält man die gleiche Figur.

Beispiel:

Spiegeln wir nun die Figur an der Achse, spiegeln wir den Punkt A auf B, den Punkt D auf C, den Punkt B auf A und den Punkt C auf D und erhalten so wieder die identische Figur.

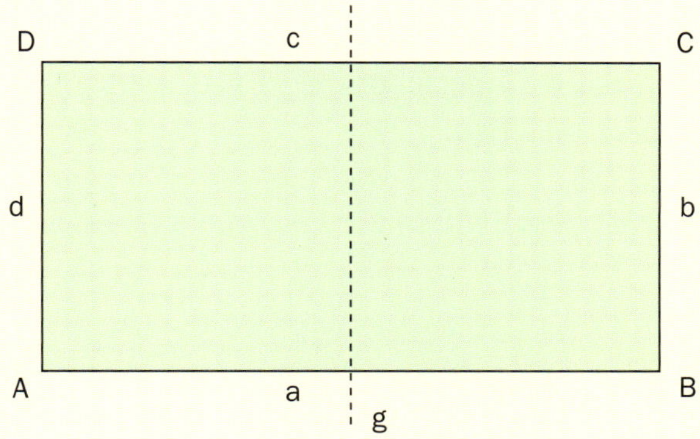

Weitere Beispiele für achsensymmetrische Figuren:

Das Quadrat hat vier Symmetrieachsen.

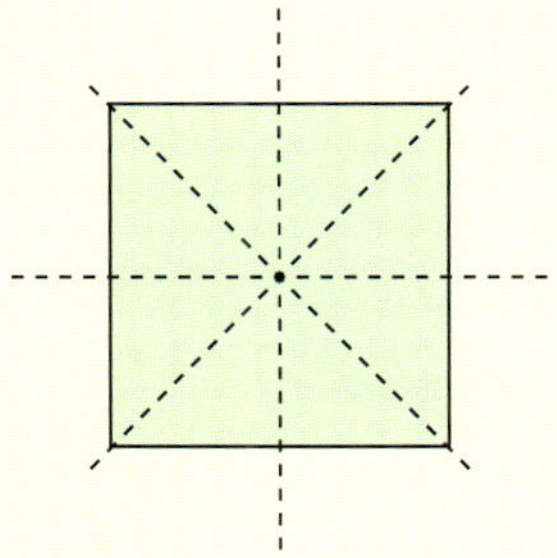

Das Rechteck hat zwei Symmetrieachsen.

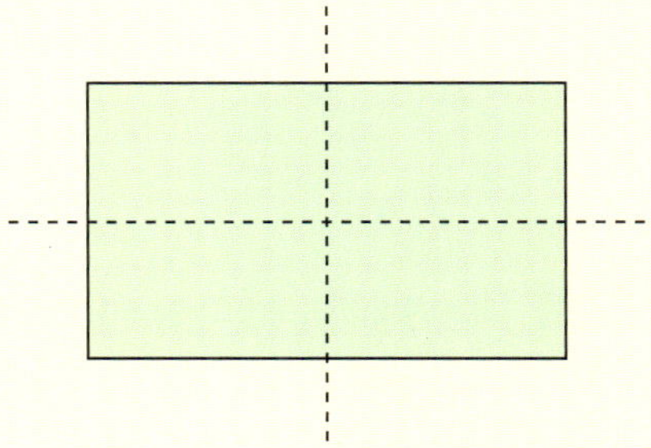

Das gleichschenklige Dreieck hat eine Symmetrieachse.

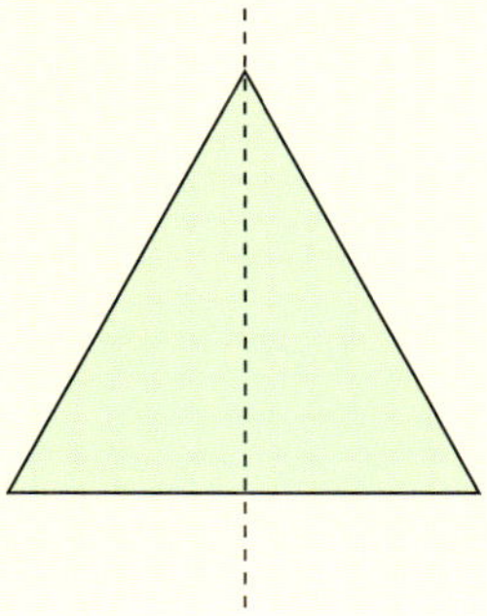

Der Drachen hat eine Symmetrieachse.

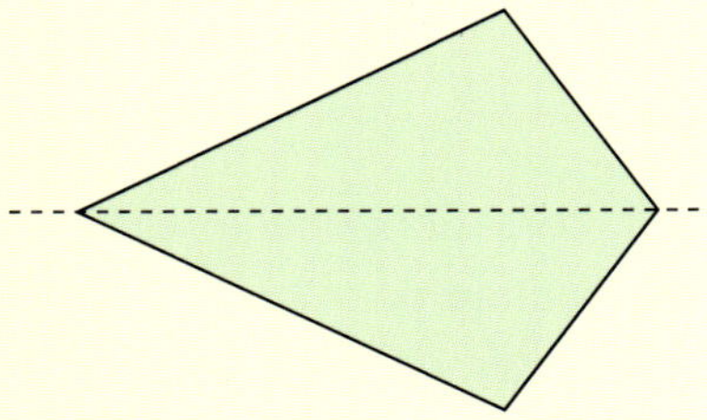

Das gleichschenklige Trapez hat eine Symmetrieachse.

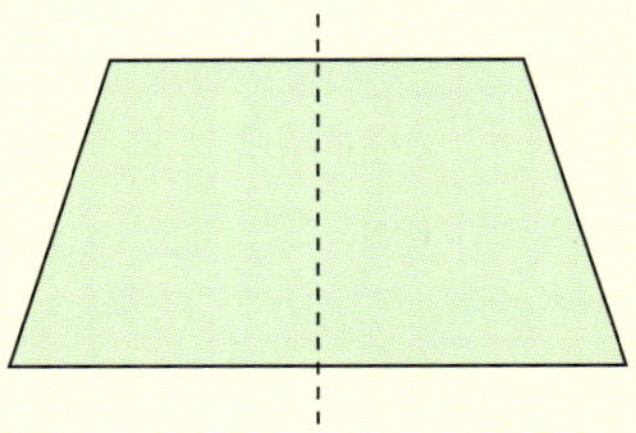

Merke: Ein Dreieck oder ein Trapez muss gleichschenklig sein, sonst hat es keine Symmetrieachse.

Auch andere Figuren wie Großbuchstaben können achsensymmetrische Figuren sein.

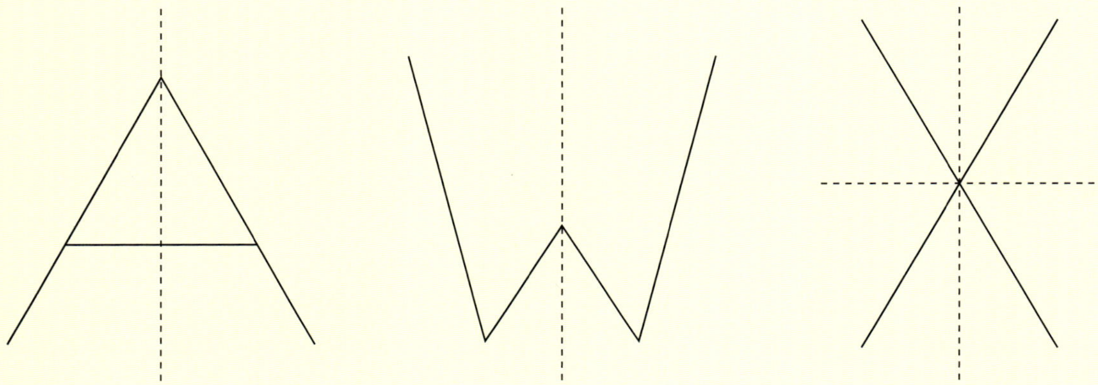

Übung 1 **Überprüfe, ob folgende Aussagen wahr oder falsch sind.**

a) Eine Raute hat zwei Symmetrieachsen.

b) Die Diagonalen im Rechteck sind Symmetrieachsen.

c) Das Parallelogramm hat eine Symmetrieachse.

d) Die Buchstaben H und X haben jeweils zwei Symmetrieachsen.

Lösungen Seite 124

Abschlusstest (20 Minuten)

Aufgabe 1 **Überprüfe, ob folgende Aussagen wahr oder falsch sind.**

a) Ein Quadrat ist auch ein Rechteck, ein Parallelogramm und eine Raute.

b) Ein Trapez hat zwei gleich lange Seiten.

c) Eine Raute ist ein spezieller Drachen.

d) Die Diagonalen im Drachen stehen orthogonal zueinander.

Punkte: ☐ von 4

Aufgabe 2 **Wandle die angegebenen Einheiten um.**

a) 450 cm^2 in m^2

b) 0,4 m^2 in dm^2

c) 1250 mm^2 in m^2

d) 5 mm^2 in dm^2

Punkte: ☐ von 4

Aufgabe 3 **Berechne die Flächeninhalte und die Umfänge der angegebenen Figuren.**

a) Rechteck a = 5 cm, b = 8 cm

b) Parallelogramm a = 7 m, b = 5 m, h = 4 m

c) Raute a = 4 dm, e = f = 5 dm

d) Drachen a = 6 m, b = 4 m, e = 7 m, f = 3 m

Punkte: ☐ von 8 (4 mal 2 Punkte)

Lösungen Seite 124

Aufgabe 4 **Trage folgende Punkte in ein Koordinatensystem ein und verbinde die Punkte.**

A(1/2) B(6/2) C(8/6) D(3/6)

a) Welche Figur ist entstanden?

b) Bestimme die Höhe h der Figur.

c) Berechne den Flächeninhalt.

Punkte: ☐ von 3

Punkte: ☐ von 19

15–19 Punkte: Prima, alles verstanden!
10–14 Punkte: Schon gut, aber wiederhole noch einmal die Kapitel, die dir Probleme machen!
0–9 Punkte: Wiederhole noch einmal das ganze Kapitel, dann schaffst du es besser!

Lösungen Seite 125

Lösungen

1.1 Der Zahlbegriff

Übung 1 (Seite 6)

a) Falsch, weil die Null keine Vorgänger hat.
b) Falsch, weil man immer wieder 1 addieren kann.
c) Wahr, nämlich die Null.
d) Falsch, denn 7 > 4 (7 ist größer als 4).

1.2 Das Zehnersystem

Übung 1 (Seite 7)

	HT 100 000er	ZT 10 000er	T 1000er	H 100er	Z 10er	E 1er
a) 456 341	4	5	6	3	4	1
b) 10 401		1	0	4	0	1
c) 306 248	3	0	6	2	4	8
d) 101 001	1	0	1	0	0	1

a) $4 \cdot 100000 + 5 \cdot 10000 + 6 \cdot 1000 + 3 \cdot 100 + 4 \cdot 10 + 1 \cdot 1 = 456341$
b) $1 \cdot 10000 + 0 \cdot 1000 + 4 \cdot 100 + 0 \cdot 10 + 1 \cdot 1 = 10401$
c) $3 \cdot 100000 + 0 \cdot 10000 + 6 \cdot 1000 + 2 \cdot 100 + 4 \cdot 10 + 8 \cdot 1 = 306248$
d) $1 \cdot 100000 + 0 \cdot 10000 + 1 \cdot 1000 + 0 \cdot 100 + 0 \cdot 10 + 1 \cdot 1 = 101001$

1.3 Andere Stellenwertsysteme

Übung 1 (Seite 9)

Zweiersystem
$58 = 1 \cdot 32 + 1 \cdot 16 + 1 \cdot 8 + 0 \cdot 4 + 1 \cdot 2 + 0 \cdot 1 = (111010)_2$
$87 = 1 \cdot 64 + 0 \cdot 32 + 1 \cdot 16 + 0 \cdot 8 + 1 \cdot 4 + 1 \cdot 2 + 1 \cdot 1 = (1010111)_2$

Fünfersystem
$58 = 2 \cdot 25 + 1 \cdot 5 + 3 \cdot 1 = (213)_5$
$87 = 3 \cdot 25 + 2 \cdot 5 + 2 \cdot 1 = (321)_5$

1.4 Römische Zahlen

Übung 1 (Seite 10)

a) IL = 49
b) MXD = 1490
c) MXM = 1990
d) MMIX = 2009
e) IM = 999
f) MMMCD = 3400

1.5 Große Zahlen

Übung 1 (Seite 11)

a) 10^4 b) 10^7 c) 10^{13}

Übung 2 (Seite 12)

a) Hamburg:
eine Million siebenhundertsiebenundfünfzigtausenddreißig
b) Berlin:
drei Millionen vierhundertfünftausendzweihundertneunundfünfzig
c) USA:
zweihundertneunzig Millionen achthundertzehntausend

1.6 Runden

Übung 1 (Seite 13)

Tausend: 8 215 000 Einwohner
Zehntausend: 8 210 000 Einwohner
Hunderttausend: 8 200 000 Einwohner

1.7 Rechnen mit Einheiten

Übung 1 (Seite 14)

a) 2 km = 200 000 cm
34 dm = 340 cm
500 m = 50 000 cm
500 mm = 50 cm
b) 5 t = 5 000 000 g
740 000 mg = 740 g
3 kg = 3000 g
c) 4 h = 240 min
420 s = 7 min
1 d = 1440 min
7 h = 420 min

Übung 2 (Seite 16)

Nächstgrößere Einheit:
a) 2450 g = 2,45 kg
b) 450 mg = 0,45 g
c) 2458 mm = 245,8 cm
d) 24 004 m = 24,004 km

Nächstkleinere Einheit:
a) 1,56 kg = 1560 g
b) 3,41 g = 3410 mg
c) 2,4 km = 2400 m
d) 4,508 m = 45,08 dm

Abschlusstest

Aufgabe 1 (Seite 17)

a) Falsch, 5 ist der Nachfolger von 4.
b) Wahr
c) Falsch, die 0 ist die kleinste natürliche Zahl.
d) Falsch, 101 < 110

Aufgabe 2 (Seite 17)

	HT 100 000er	ZT 10 000er	T 1000er	H 100er	Z 10er	E 1er
a) 121 351	1	2	1	3	5	1
b) 24 438		2	4	4	3	8
c) 296 367	2	9	6	3	6	7
d) 351 409	3	5	1	4	0	9

a) $1 \cdot 100000 + 2 \cdot 10000 + 1 \cdot 1000 + 3 \cdot 100 + 5 \cdot 10 + 1 \cdot 1$
b) $2 \cdot 10000 + 4 \cdot 1000 + 4 \cdot 100 + 3 \cdot 10 + 8 \cdot 1$
c) $2 \cdot 100000 + 9 \cdot 10000 + 6 \cdot 1000 + 3 \cdot 100 + 6 \cdot 10 + 7 \cdot 1$
d) $3 \cdot 100000 + 5 \cdot 10000 + 1 \cdot 1000 + 4 \cdot 100 + 0 \cdot 10 + 9 \cdot 1$

Aufgabe 3 (Seite 17)

$67 = 1 \cdot 64 + 0 \cdot 32 + 0 \cdot 16 + 0 \cdot 8 + 0 \cdot 4 + 1 \cdot 2 + 1 \cdot 1 = (1000011)_2$
$91 = 1 \cdot 64 + 0 \cdot 32 + 1 \cdot 16 + 1 \cdot 8 + 0 \cdot 4 + 1 \cdot 2 + 1 \cdot 1 = (1011011)_2$
$67 = 2 \cdot 25 + 3 \cdot 5 + 2 \cdot 1 = (232)_5$
$91 = 3 \cdot 25 + 3 \cdot 5 + 1 \cdot 1 = (331)_5$

Aufgabe 4 (Seite 17)

a) 10^1 b) 10^4 c) 10^{16}

Aufgabe 5 (Seite 18)

a) zwölf Millionen zweihundertfünfunddreißigtausendfünfhundertvierundvierzig
b) vier Milliarden dreihundertsechsundfünfzig Millionen neuntausendachthundertsechsundneunzig

Aufgabe 6 (Seite 18)

auf Tausend gerundet: 8 536 000
auf Zehntausend gerundet: 8 540 000
auf Hunderttausend gerundet: 8 500 000

Aufgabe 7 (Seite 18)

a) 4 km = 400 000 cm
37 m = 3700 cm
500 dm = 5000 cm
80 mm = 8 cm

b) 3 t = 3 000 000 g
685 000 mg = 685 g
32 kg = 32 000 g

c) 7 h = 420 min
720 s = 12 min
2 d = 2880 min
11 h = 660 min

2.1 Addition natürlicher Zahlen

Übung 1 (Seite 20)

a) 54 + 32 = 86
b) 351 + 42 + 34 = 427
c) 102 + 99 = 201
d) 46 + 24 + 25 + 12 = 107
e) 1012 + 99 = 1111
f) 4 + 998 = 1002

Übung 2 (Seite 21)

a)
$$\begin{array}{r} 3456 \\ +\ 525 \\ +\ 9 \\ +\ 12 \\ \scriptstyle 112 \\ \hline 4002 \end{array}$$

b)
$$\begin{array}{r} 4182 \\ +\ 3174 \\ +\ 5286 \\ \scriptstyle 21 \\ \hline 12642 \end{array}$$

c)
$$\begin{array}{r} 5124 \\ +\ 5 \\ +\ 15 \\ +\ 987 \\ \scriptstyle 112 \\ \hline 6131 \end{array}$$

d)
$$\begin{array}{r} 3256 \\ +\ 3256 \\ +\ 3256 \\ \scriptstyle 11 \\ \hline 9768 \end{array}$$

e)
$$\begin{array}{r} 5 \\ +\ 55 \\ +\ 555 \\ +\ 5555 \\ \scriptstyle 112 \\ \hline 6170 \end{array}$$

f)
$$\begin{array}{r} 12403 \\ +\ 5652 \\ +\ 358 \\ +\ 16 \\ \scriptstyle 111 \\ \hline 18429 \end{array}$$

2.2 Rechengesetze bei der Addition

Übung 1 (Seite 23)

a) 25 + 17 + 15 + 43 = 25 + 15 + 17 + 43 = 40 + 60 = 100
b) 142 + 17 + 18 = 142 + 18 + 17 = 160 + 17 = 177
c) 513 + 96 + 77 + 4 = 513 + 77 + 96 + 4 = 590 + 100 = 690
d) 412 + 15 + 138 = 412 + 138 + 15 = 550 + 15 = 565
e) 13 + 54 + 35 + 25 + 47 + 6 = 13 + 47 + 54 + 6 +35 +25 = 60 + 60 + 60 = 180
f) 24 + 16 + 101 + 63 + 7 + 99 = 24 + 16 + 101 + 99 + 63 + 7 = 40 + 200 + 70 = 310

2.3 Subtraktion natürlicher Zahlen

Übung 1 (Seite 24)

a) 85 – 23 = 62
b) 56 – 39 = 17
c) 112 – 21 = 91
d) 234 – 112 = 122
e) 324 – 131 = 193
f) 516 – 491 = 25

Übung 2 (Seite 25)

a)
$$\begin{array}{rr} & 4651 \\ - & 3125 \\ & {\scriptsize 1} \\ \hline & 1526 \end{array}$$

b)
$$\begin{array}{rr} & 2485 \\ - & 1582 \\ - & 456 \\ & {\scriptsize 1\,1\,1} \\ \hline & 447 \end{array}$$

c)
$$\begin{array}{rr} & 35261 \\ - & 12584 \\ - & 4663 \\ & {\scriptsize 1\,1\,1\,1} \\ \hline & 18014 \end{array}$$

d)
$$\begin{array}{rr} & 34112 \\ - & 15458 \\ - & 1254 \\ & {\scriptsize 1\,1\,1\,1} \\ \hline & 17400 \end{array}$$

e)
$$\begin{array}{rr} & 56684 \\ - & 34254 \\ - & 5218 \\ - & 9421 \\ - & 584 \\ & {\scriptsize 2\,1\,1\,2} \\ \hline & 7207 \end{array}$$

f)
$$\begin{array}{rr} & 100000 \\ - & 78542 \\ - & 9456 \\ - & 586 \\ - & 97 \\ - & 5 \\ & {\scriptsize 1\,2\,2\,3\,3} \\ \hline & 11314 \end{array}$$

2.4 Zusammenhang von Addition und Subtraktion

Übung 1 (Seite 26)

a) 56 + 35 = 91 — Probe: 91 – 35 = 56
b) 32 + 41 + 125 = 198 — Probe: 198 – 125 – 41 = 32
c) 438 + 73 = 511 — Probe: 511 – 73 = 438
d) 438 – 73 = 365 — Probe: 365 + 73 = 438
e) 526 – 53 – 261 = 212 — Probe: 212 + 261 + 53 = 526
f) 274 – 121 – 39 – 44 – 33 = 37 — Probe: 37 + 33 + 44 + 39 + 121 = 274

Abschlusstest

Aufgabe 1 (Seite 27)

a) 34 + 25 = 59
b) 39 + 46 = 85
c) 65 + 47 = 112
d) 135 + 54 = 189

Aufgabe 2 (Seite 27)

a) 67 – 48 = 19
b) 85 – 57 = 28
c) 64 – 26 = 38
d) 164 – 78 = 86

Aufgabe 3 (Seite 27)

a) 41 556 + 2143 + 5876 + 354 + 12 = 49 941
b) 32 + 4581 + 2615 + 712 + 5 = 7945
c) 112 458 + 35 645 + 23 184 + 217 688 = 388 975

Aufgabe 4 (Seite 28)

a) 2514 – 1258 – 588 – 456 – 112 = 100
b) 312 548 – 148 651 – 122 458 – 354 – 11 = 41 074
c) 987 546 – 312 515 – 17 – 428 145 – 135 = 246 734

Aufgabe 5 (Seite 28)

a) 56 + 134 = 190 Probe: 190 – 56 = 134
b) 512 + 152 = 664 Probe: 664 – 152 = 512
c) 315 – 212 = 103 Probe: 103 + 212 = 315
d) 126 – 35 – 34 – 12 = 45 Probe: 45 + 12 + 34 + 35 = 126

3.1 Multiplikation natürlicher Zahlen

Übung 1 (Seite 30)

a) 13 · 7 = 91
b) 14 · 11 = 154
c) 23 · 11 = 253
d) 104 · 11 = 1144
e) 8 · 4 · 3 = 96
f) 5 · 10 · 7 = 350

Übung 2 (Seite 31)

a) 15 + 15 + 15 + 15 + 15 = 5 · 15 = 75
b) 8 + 8 + 8 + 8 + 8 + 8 + 8 + 8 + 8 = 9 · 8 = 72
c) 80 + 80 + 80 + 80 + 80 + 80 + 80 + 80 + 80 + 80 = 10 · 80 = 800
d) 101 + 101 + 101 + 101 + 101 + 101 = 6 · 101 = 606
e) 6 + 6 + 6 + 6 + 6 + 6 + 6 + 6 + 6 + 6 + 6 + 6 + 6 + 6 = 14 · 6 = 84
f) 1002 + 1002 + 1002 + 1002 + 1002 = 5 · 1002 = 5010

3.2 Schriftliche Multiplikation

Übung 1 (Seite 33)

a) 438 · 512
219000
4380
876
224256

b) 384 · 127
38400
7680
2688
48768

c) 2478 · 612
1486800
24780
4956
1516536

d) 456 · 324
136800
9120
1824
147744

e) 5158 · 3354
15474000
1547400
257900
20632
17299932

f) 7841 · 2374
15682000
2352300
548870
31364
18614534

3.3 Division natürlicher Zahlen

Übung 1 (Seite 34)

a) 84 : 7 = 12
b) 64 : 2 = 32
c) 143 : 13 = 11
d) 180 : 15 = 12
e) 909 : 9 = 101
f) 408 : 4 = 102

3.4 Schriftliche Division

Übung 1 (Seite 36)

a) 34432 : 16 = 2152
32
24
16
83
80
32
32
0

b) 227094 : 7 = 32442
21
17
14
30
28
29
28
14
14
0

c) 91308 : 21 = 4348
```
84
 73
 63
 100
  84
  168
  168
    0
```

d) 6191416 : 11 = 562856
```
55
 69
 66
  31
  22
   94
   88
    61
    55
     66
     66
      0
```

e) 50618 : 12 = 4218 Rest 2
```
48
 26
 24
  21
  12
   98
   96
    2
```

f) 554187 : 24 = 23091 Rest 3
```
48
 74
 72
  21
   0
  218
  216
   27
   24
    3
```

3.5 Rechengesetze

Übung 1 (Seite 37)

a) $4 \cdot 12 \cdot 25 = 4 \cdot 25 \cdot 12 = 100 \cdot 12 = 1200$
b) $17 \cdot 125 \cdot 8 = 17 \cdot 1000 = 17\,000$
c) $2 \cdot 37 \cdot 5 = 2 \cdot 5 \cdot 37 = 10 \cdot 37 = 370$
d) $25 \cdot 8 \cdot 5 = 200 \cdot 5 = 1000$
e) $500 \cdot 37 \cdot 2 = 500 \cdot 2 \cdot 37 = 1000 \cdot 37 = 37\,000$
f) $20 \cdot 50 \cdot 31 = 1000 \cdot 31 = 31\,000$

Übung 2 (Seite 38)

a) $15 \cdot 3 + 5 \cdot 3 = 3 \cdot (15 + 5) = 3 \cdot 20 = 60$
b) $12 \cdot 9 + 21 \cdot 12 = 12 \cdot (9 + 21) = 12 \cdot 30 = 360$
c) $19 \cdot 43 + 57 \cdot 19 = 19 \cdot (43 + 57) = 19 \cdot 100 = 1900$
d) $121 \cdot 67 + 33 \cdot 121 = 121 \cdot (67 + 33) = 121 \cdot 100 = 12\,100$
e) $56 \cdot 14 - 4 \cdot 56 = 56 \cdot (14 - 4) = 56 \cdot 10 = 560$
f) $31 \cdot 117 - 31 \cdot 17 = 31 \cdot (117 - 17) = 31 \cdot 100 = 3100$

Abschlusstest

Aufgabe 1 (Seite 39)

a) 54 · 4 = 216
b) 14 · 11 = 154
c) 112 · 7 = 784
d) 47 · 11 = 517

Aufgabe 2 (Seite 39)

```
a) 156 · 431
    62400
     4680
      156
     1 1
   ------
    67236
```

```
b) 278 · 741
    194600
     11120
       278
    1
    ------
    205998
```

```
c) 1264 · 34
     37920
      5056
    1
    ------
     42976
```

```
d) 324 · 1001
     324000
      00000
       0000
        324
   --------
     324324
```

Aufgabe 3 (Seite 39)

a) 143 : 13 = 11
b) 154 : 7 = 22
c) 256 : 2 = 128
d) 345 : 3 = 115

Aufgabe 4 (Seite 40)

```
a) 2968 : 14 = 212
   28
    16
    14
     28
     28
      0
```

```
b) 7357 : 7 = 1051
   7
   03
   00
    35
    35
     07
     07
      0
```

```
c) 8712 : 12 = 726
   84
    31
    24
     72
     72
      0
```

```
d) 13533 : 13 = 1041
   13
    05
    00
     53
     52
      13
      13
       0
```

Aufgabe 5 (Seite 40)

a) 12 · 4 · 25 = 12 · 100 = 1200
b) 8 · 6 · 25 = 8 · 25 · 6 = 200 · 6 = 1200
c) 5 · 17 · 20 = 5 · 20 · 17 = 100 · 17 = 1700
d) 200 · 18 · 5 = 200 · 5 · 18 = 1000 · 18 = 18000

Aufgabe 6 (Seite 40)

a) 16 · 24 + 76 · 16 = 16 · (24 + 76) = 16 · 100 = 1600
b) 17 · 9 + 9 · 43 = 9 · (17 + 43) = 9 · 60 = 540
c) 44 · 44 + 44 · 56 = 44 · (44 + 56) = 44 · 100 = 4400
d) 14 · 113 – 13 · 14 = 14 · (113 – 13) = 14 · 100 = 1400

4.1 Teiler und Vielfache

Übung 1 (Seite 42)

a) $T_{12} = \{1,2,3,4,6,12\}$
b) $T_9 = \{1,3,9\}$
c) $T_{24} = \{1,2,3,4,6,8,12,24\}$
d) $T_{40} = \{1,2,4,5,8,10,20,40\}$
e) $T_{45} = \{1,3,5,9,15,45\}$
f) $T_{60} = \{1,2,3,4,5,6,10,12,15,20,30,60\}$

Übung 2 (Seite 43)

a) 2, 3 und 5 sind Teiler von 102030.
b) 2, 3 und 9 sind Teiler von 2034.
c) 5 ist Teiler von 104405.
d) 2, 3, 4, 5 und 9 sind Teiler von 55080.
e) 2 und 3 sind Teiler von 245814.
f) 2, 3, 5 und 9 sind Teiler von 36810.

Übung 3 (Seite 44)

a) $V_8 = \{8,16,24,32,40,48,\ldots\}$
b) $V_{12} = \{12,24,36,48,60,72,\ldots\}$
c) $V_{17} = \{17,34,51,68,85,102,\ldots\}$
d) $V_{21} = \{21,42,63,84,105,126,\ldots\}$
e) $V_{30} = \{30,60,90,120,150,180,\ldots\}$
f) $V_{45} = \{45,90,135,180,225,270,\ldots\}$

4.2 Primzahlen

Übung 1 (Seite 45)

a) 111 ist keine Primzahl, da Vielfaches von 3 und 37.
b) 137 ist Primzahl.
c) 143 ist keine Primzahl, da Vielfaches von 11 und 13.
d) 177 ist keine Primzahl, da Vielfaches von 3 und 59.
e) 211 ist Primzahl.
f) 249 ist keine Primzahl, da Vielfaches von 3 und 83.

4.3 Primfaktorzerlegung

Übung 1 (Seite 46)

a) $21 = 3 \cdot 7$
b) $56 = 2 \cdot 2 \cdot 2 \cdot 7$
c) $100 = 2 \cdot 2 \cdot 5 \cdot 5$
d) $122 = 2 \cdot 61$
e) $136 = 2 \cdot 2 \cdot 2 \cdot 17$
f) $204 = 2 \cdot 2 \cdot 3 \cdot 17$

4.4 Potenzen

Übung 1 (Seite 47)

a) $3^3 = 27$
b) $4^2 = 16$
c) $2^8 = 256$
d) $5^2 = 25$
e) $10^6 = 1\,000\,000$
f) $8^3 = 512$

4.5 kgV und ggT

Übung 1 (Seite 48)

a) kgV (6;8) = 24
b) kgV (15;30) = 30
c) kgV (12;52) = 156
d) kgV (14;18) = 126
e) kgV (24;30) = 120
f) kgV (8;14) = 56

Übung 2 (Seite 49)

a) ggT (42;70) = 14
b) ggT (24;128) = 8
c) ggT (36;126) = 18
d) ggT (18;72) = 18
e) ggT (56;140) = 28
f) ggT (45;154) = 1

Abschlusstest

Aufgabe 1 (Seite 50)

a) $T_{15} = \{1,3,5,15\}$
b) $T_{23} = \{1,23\}$
c) $T_{36} = \{1,2,3,4,6,9,12,18,36\}$
d) $T_{42} = \{1,2,3,6,7,14,21,42\}$

Aufgabe 2 (Seite 50)

a) 2, 3 und 4 sind Teiler von 2184.
b) 2 ist Teiler von 51 326.
c) 2 und 4 sind Teiler von 45 148.
d) 2, 4 und 5 sind Teiler von 24 320.

Aufgabe 3 (Seite 50)

a) $V_7 = \{7,14,21,28,35,...\}$
b) $V_{13} = \{13,26,39,52,65,...\}$
c) $V_{26} = \{26,52,78,104,130,...\}$
d) $V_{101} = \{101,202,303,404,505,...\}$

Aufgabe 4 (Seite 51)

a) 37 ist Primzahl.
b) 97 ist Primzahl.
c) 123 ist Vielfaches von 3 und 41 und somit keine Primzahl.
d) 153 ist Vielfaches von 3, 9, 17 und 51 und somit keine Primzahl.

Aufgabe 5 (Seite 51)

a) $42 = 2 \cdot 3 \cdot 7$
b) $66 = 2 \cdot 3 \cdot 11$
c) $100 = 2 \cdot 2 \cdot 5 \cdot 5$
d) $128 = 2 \cdot 2 \cdot 2 \cdot 2 \cdot 2 \cdot 2 \cdot 2 = 2^7$

Aufgabe 6 (Seite 51)

a) $4^3 = 64$
b) $2^7 = 128$
c) $10^6 = 1000000$
d) $5^4 = 625$

Aufgabe 7 (Seite 52)

a) kgV (6;14) = 42
b) kgV (8;14) = 56
c) kgV (8;18) = 72
d) kgV (12;40) = 120

Aufgabe 8 (Seite 52)

a) ggT (12;20) = 4
b) ggT (24;64) = 8
c) ggT (8;26) = 2
d) ggT (16;30) = 2

5.1 Was sind negative Zahlen?

Übung 1 (Seite 54)

a) –742 < –126 < –78 < –5 < –4 < 4 < 7 < 15 < 98
b) –6 < –4 < –1 < 1 < 19 < 2148
c) –214 < –158 < –1 < 5 < 8 < 13 < 25
d) –176 < –125 < –7 < –3 < 6 < 14 < 85
e) –415 < –234 < –225 < –223 < –199 < 17 < 972 < 1524
f) –259 < –252 < –8 < –5 < 4 < 5 < 7 < 16 < 17

Übung 2 (Seite 54)

a) 5 b) –17 c) –1004
d) 241 e) –56 f) 841

5.2 Addieren und Subtrahieren einer ganzen Zahl

Übung 1 (Seite 55)

a) 12 + (–8) = 4
b) 21 + (–36) = –15
c) (–15) + (–8) = –23
d) 6 + (–14) = –8
e) 56 + (–68) = –12
f) (–87) + (–11) = –98

Übung 2 (Seite 56)

a) 5 – (–4) = 9
b) (–6) – (–15) = 9
c) (–17) – (–12) = –5
d) (–35) – (–42) = 7
e) 18 – (–36) = 54
f) (–38) – (–23) = –15

5.3 Multiplikation und Division von negativen Zahlen

Übung 1 (Seite 57)

a) (–14) · (+11) = –154
b) (–7) · (–21) = 147
c) (+15) · (–9) = –135
d) (–17) · 6 = –102
e) 13 · (–8) = –104
f) (–26) · (–4) = 104

Übung 2 (Seite 58)

a) (–12) : (+4) = –3
b) (+48) : (–16) = –3
c) (–64) : 2 = –32
d) 144 : (–4) = –36
e) (–600) : (–120) = 5
f) (–700) : 5 = –140

Übung 3 (Seite 59)

a) (–4) · (+17) · (+25) = (–4) · (+25) · (+17) = (–100) · 17 = –1700
b) (–8) · (–20) · (–5) = (–8) · (+100) = –800
c) (+2) · (–34) · (–500) = 2 · (–500) · (–34) = –1000 · (–34) = 34 000
d) (–200) · (+19) · (+5) = (–200) · (+5) · (+19) = –1000 · 19 = –19 000
e) (–20) · (–6) · (–50) · (+3) = (–20) · (–50) · (–6) · (+3) = 1000 · (–18) = –18 000
f) (–6) · (+40) · (–25) = (–6) · (–1000) = 6000

5.4 Anwendung der Rechengesetze

Übung 1 (Seite 60)

a) 16 · (–24) + (–24) · 84 = (–24) · (16 + 84) = –24 · 100 = –2400
b) –17 · 23 + 23 · (–83) = 23 · ((–17) + (–83)) = 23 · (–100) = –2300
c) –37 · 14 + 14 · (–13) = 14 · ((–37) + (–13)) = 14 · (–50) = –700
d) (–12) · 456 + 544 · (–12) = (–12) · (456 + 544) = –12 · 1000 = –12 000
e) 127 · (–13) – 27 · (–13) = –13 · (127 – 27) = –13 · 100 = –1300
f) –17 · 243 – 143 · (–17) = –17 · (243 – 143) = –17 · 100 = –1700

Abschlusstest

Aufgabe 1 (Seite 61)

a) –34 < –19 < –16 < –7 < 2 < 47 < 81
b) –123 < –98 < –16 < –5 < 12 < 97 < 112
c) –46 < –37 < –34 < –21 < –15 < 12 < 18 < 65

Aufgabe 2 (Seite 61)

a) 14 + (–18) = –4
b) (–12) + (–18) = –30
c) (–54) + (+16)= –38
d) (–63) + (–61) = –124

Aufgabe 3 (Seite 61)

a) 15 – (–21) = 36
b) –16 – (–28) = 12
c) –13 – (+34) = – 47
d) –35 – (–68) = 33

Aufgabe 4 (Seite 62)

a) –14 · (+7) = –98
b) 23 · (–11) = –253
c) –33 · (–11) = 363
d) –12 · 34 = –408

Aufgabe 5 (Seite 62)

a) –42 : (–7) = 6
b) 84 : (–3) = – 28
c) –128 : (+4) = –32
d) 256 : (–4) = –64

Aufgabe 6 (Seite 62)

a) –15 · 28 + 72 · (–15) = –15 · (28 + 72) = –15 · 100 = –1500
b) (–36) · (–8) + (–2) · (–36) = –36 · ((–8) + (–2)) = –36 · (–10) = 360
c) –146 · 18 + 18 · 46 = 18 · (–146 + 46) = 18 · (–100) = –1800

6.1 Das Koordinatensystem

Übung 1 (Seite 65)

Viereck mit A(–2/1), B(3/2), C(4/5) und D(–1/4)

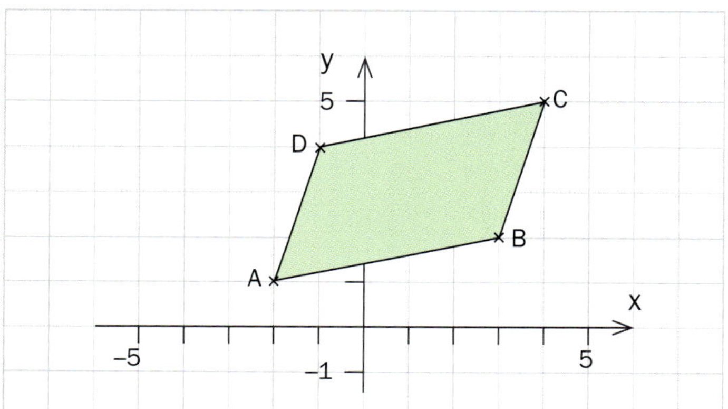

6.2 Strecken, Geraden und Halbgeraden

Übung 1 (Seite 68)

a)

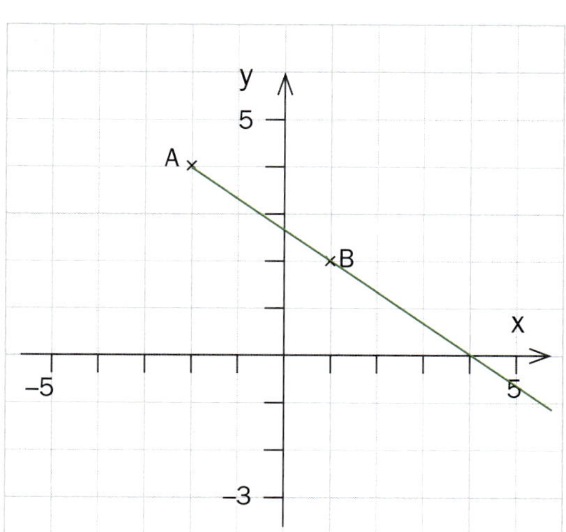

b)

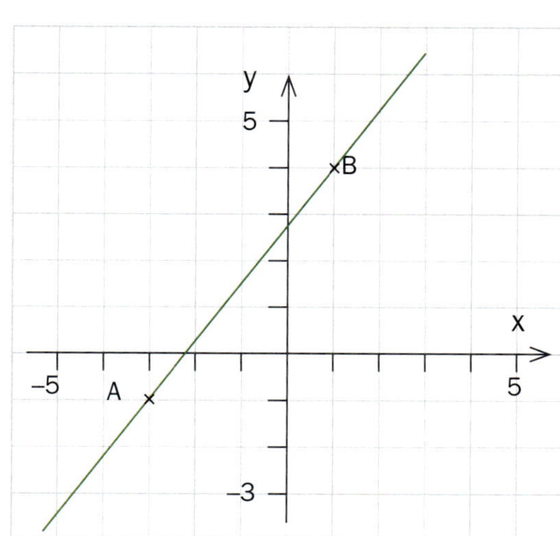

c)

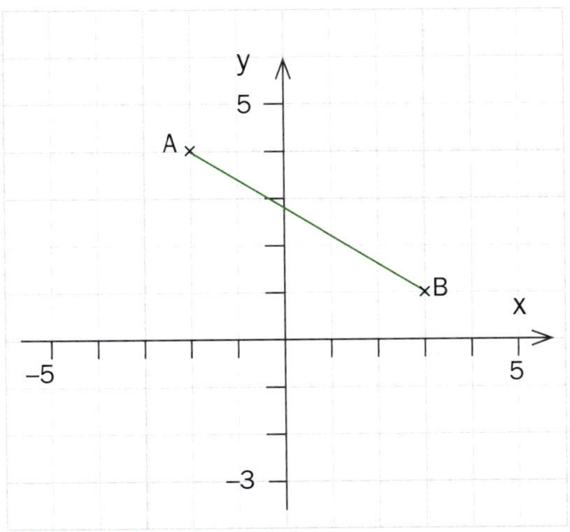

d)

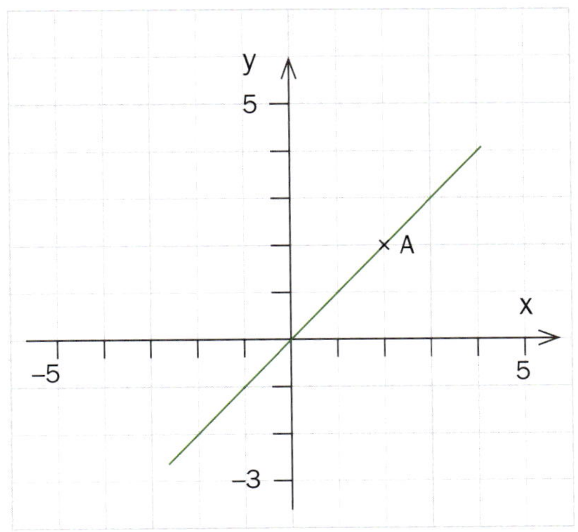

e)

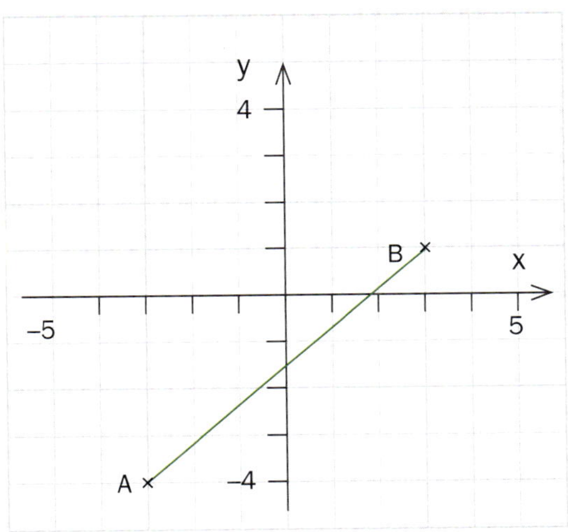

f)

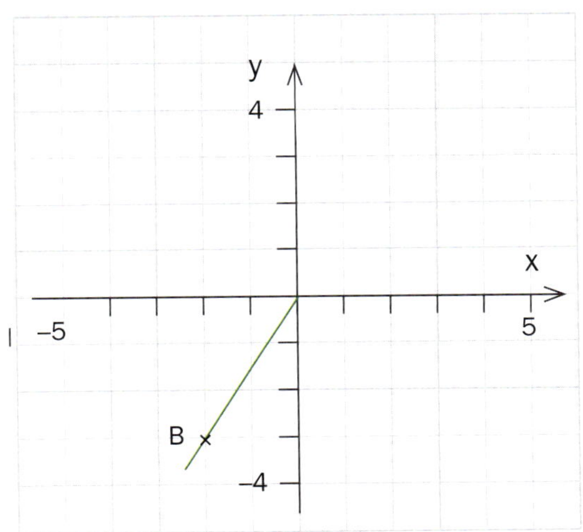

Übung 2 (Seite 69)

$C \in g$ $D \notin g$ $E \in g$ $F \in g$ $G \notin g$ $H \in g$

6.3 Lagebeziehung von Geraden

Übung 1 (Seite 71)

a) g ist parallel zu h
b) g und h schneiden sich orthogonal im Punkt (1/1)

6.4 Kreislinien

Übung 1 (Seite 72)

a) Kreis mit r = 4 cm

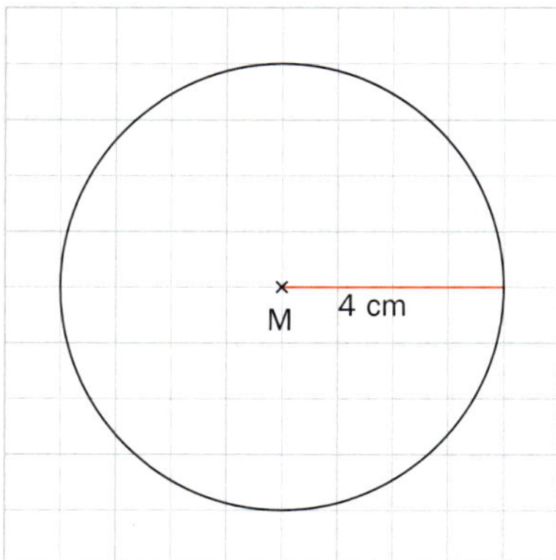

b) Kreis mit r = 1,5 cm

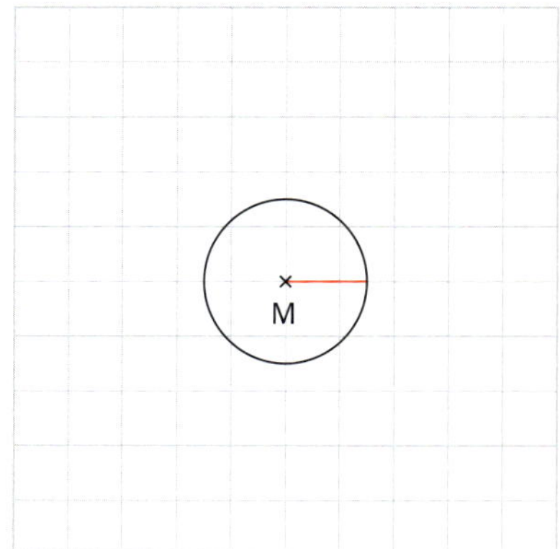

c) Kreis mit r = 2,5 cm

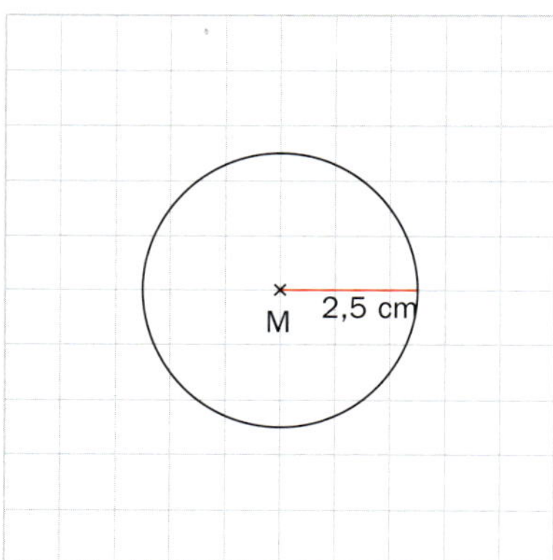

d) Kreis mit r = 5 cm

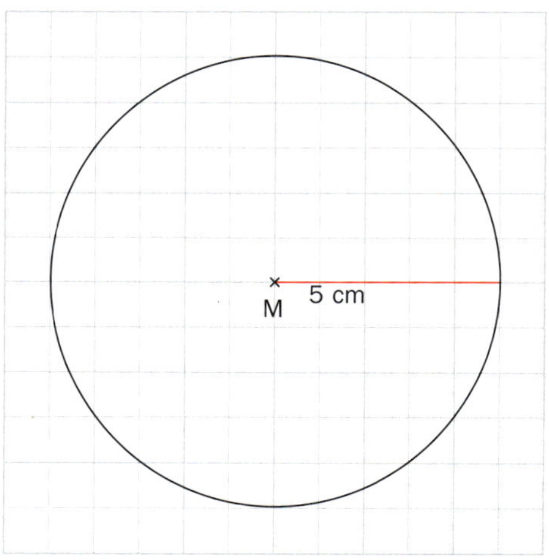

in allen Zeichnungen entspricht 1 cm in der Zeichnung = 0,5 cm auf deinem Lineal.

Übung 2 (Seite 74)

a) 2 Schnittpunkte
b) kein Schnittpunkt
c) ein Berührpunkt
d) 2 Schnittpunkte

Abschlusstest

Aufgabe 1 (Seite 75)

A(–3/3), B(0/1), C(3/3) und D(0/5)

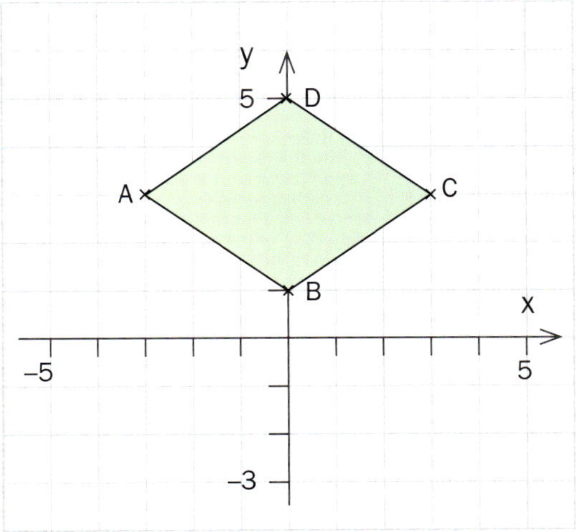

Aufgabe 2 (Seite 75)

a)

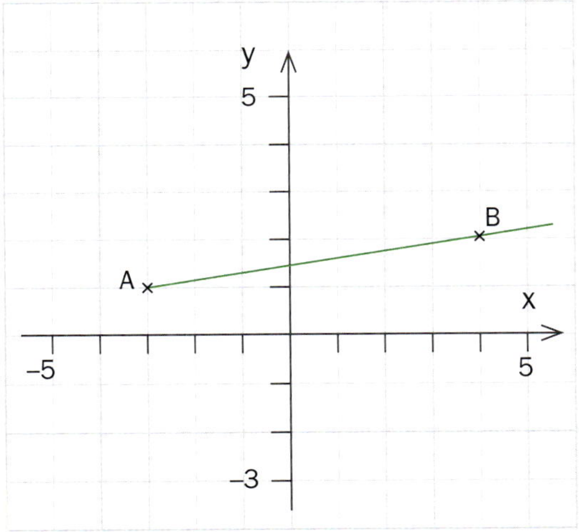

b)

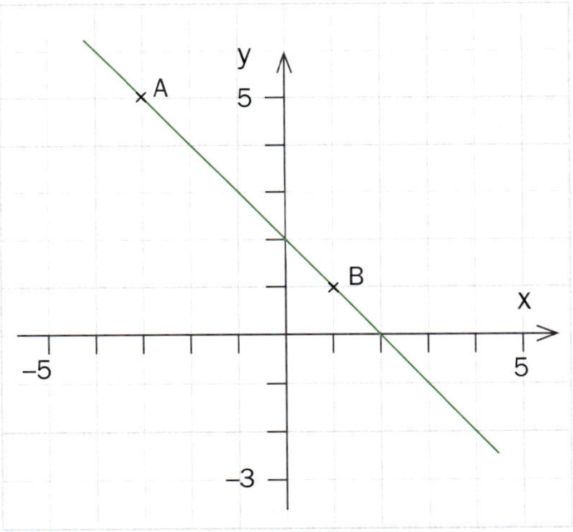

c)

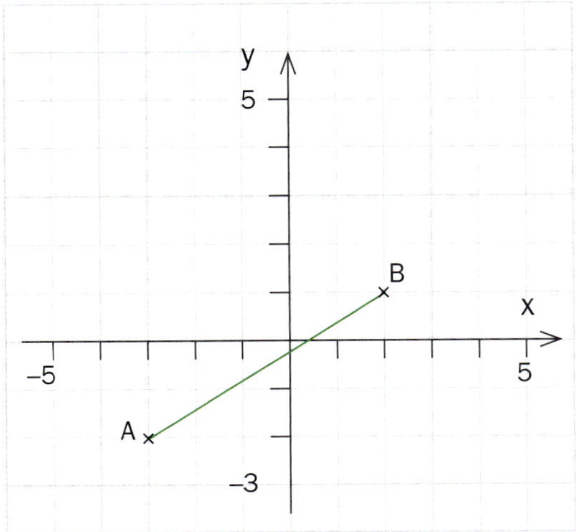

d)

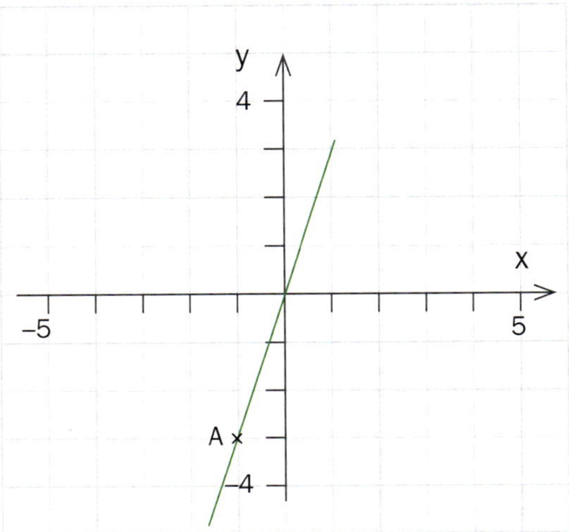

Aufgabe 3 (Seite 75)

C $\notin$ g D $\in$ g E $\notin$ g F $\in$ g

Aufgabe 4 (Seite 75)

a) g ist parallel zu h
b) g und h schneiden sich orthogonal

Aufgabe 5 (Seite 76)

a)

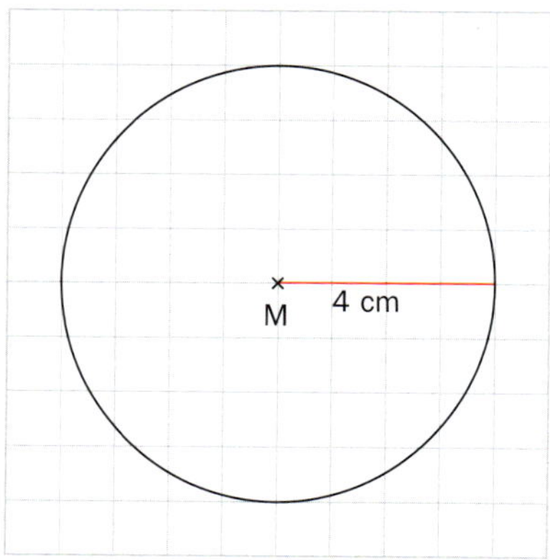

b)

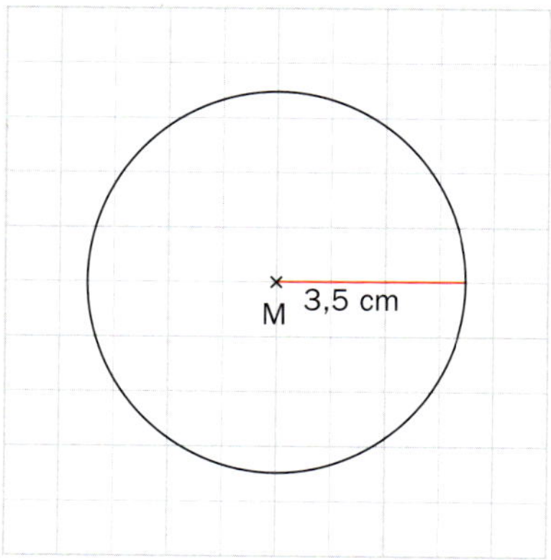

c)

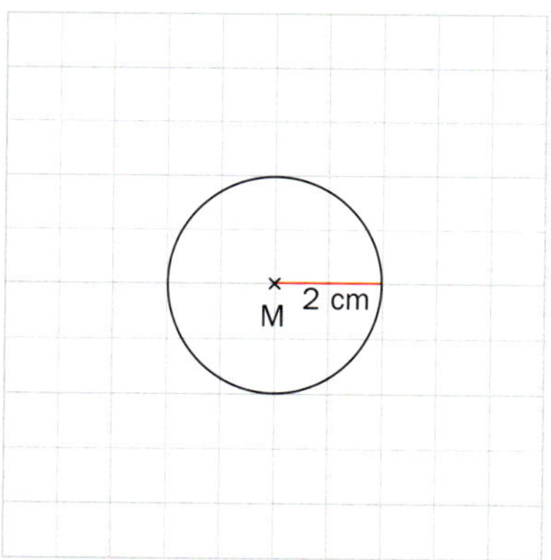

d)

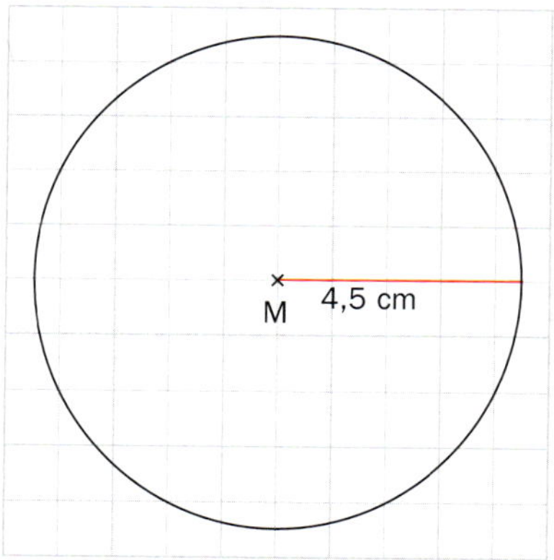

in allen Zeichnungen entspricht 1 cm in der Zeichnung = 0,5 cm auf deinem Lineal.

Aufgabe 6 (Seite 76)

a) 2 Schnittpunkte
b) kein Schnittpunkt
c) ein Berührpunkt

7.1 Längeneinheiten

Übung 1 (Seite 79)

a) 2113 cm = 21 m + 1 dm + 3 cm = 21,13 m
b) 674 mm = 6 dm + 7 cm + 4 mm = 6,74 dm
c) 3218 dm = 321 m + 8 dm = 321,8 m
d) 6800 m = 6 km + 800 m = 6,8 km
e) 21 410 dm = 2 km + 141 m = 2,141 km
f) 5158 mm = 5 m + 1 dm + 5 cm + 8 mm = 5,158 dm

Übung 2 (Seite 79)

4532 mm = 4,532 m
Das Auto passt in die Garage.

7.2 Gewichtseinheiten

Übung 1 (Seite 81)

a) 18 412 g = 18 kg + 412 g = 18,412 kg
b) 45 486 kg = 45 t + 486 kg = 45,486 t
c) 2 554 117 mg = 2 kg + 554 g + 117 mg = 2,554117 kg
d) 3001 g = 3 kg + 1 g = 3,001 kg
e) 7 400 312 546 mg = 7 t + 400 kg + 312 g + 546 mg = 7,400312546 t
f) 126 453 g = 126 kg + 453 g = 126,453 kg

7.3 Zeiteinheiten

Übung 1 (Seite 82)

a) 612 s = 600 s + 12 s = 10 min + 12 s
b) 487 h = 480 h + 7 h = 20 d + 7 h
c) 590 min = 540 min + 50 min = 9 h + 50 min
d) 264 h = 11 d
e) 721 s = 720 s + 1 s = 12 min + 1 s
f) 1214 min = 1200 min + 14 min = 20 h + 14 min

7.4 Addieren von Einheiten

Übung 1 (Seite 83)

a) 7 km + 8 m = 7000 m + 8 m = 7008 m
b) 7 g + 150 mg = 7000 mg + 150 mg = 7150 mg
c) 2 d + 7 h = 48 h + 7 h = 55 h
d) 7 m + 5 dm = 70 dm + 5 dm = 75 dm
e) 2 kg + 2000 mg = 2000 g + 2 g = 2002 g
f) 3 km + 400 cm = 3000 m + 4 m = 3004 m

7.5 Textaufgaben

Übung 1 (Seite 86)

a) Wie viele Pferde sind auf dem Gestüt?
Wir dividieren durch 4, weil ein Pferd 4 Hufeisen bekommt.
1648 : 4 = 412 Pferde
Es sind 412 Pferde.

b) Wie lang ist ein Stück?
6 m = 60 dm
60 : 20 = 3 dm
Ein Stück ist 3 dm lang.

c) Was zahlt er insgesamt?
64 · 114 = 7296 €
Er zahlt für die Stühle 7296 €.

d) Was wiegt der Laster insgesamt?
7400 + 6 · 1500 = 7400 + 9000 = 16 400 kg
Der Laster wiegt jetzt 16 400 kg.

e) Wie viele Tage waren es?
20 160 : 60 = 336 h   336 : 24 = 14 Tage
Sie waren 14 Tage im Urlaub.

f) Was wiegt ein Fußball?
72 kg = 72 000 g   72 000 : 120 = 600 g
Ein Fußball wiegt 600 g.

Abschlusstest

Aufgabe 1 (Seite 87)

a) 456 cm = 4 m + 5 dm + 6 cm = 4,56 m
b) 124 dm = 12 m + 4 dm = 12,4 m
c) 5461 m = 5 km + 461 m = 5,461 km
d) 75 cm = 7 dm + 5 cm = 7,5 dm

Aufgabe 2 (Seite 87)

a) 3125 mg = 3 g + 125 mg = 3,125 g
b) 71 656 g = 71 kg + 656 g = 71,656 kg
c) 4117 kg = 4 t + 117 kg = 4,117 t
d) 2489 g = 2 kg + 489 g = 2,489 kg

Aufgabe 3 (Seite 87)

a) 486 min = 480 min + 6 min = 8 h 6 min
b) 321 h = 312 h + 9 h = 13 d 9 h
c) 490 s = 480 s + 10 s = 8 min 10 s
d) 408 h = 17 d

Aufgabe 4 (Seite 88)

Wie viel Mehl ist noch in der Tüte?
1 kg – 180 g = 1000 g – 180 g = 820 g
Es sind noch 820 g in der Tüte.

Aufgabe 5 (Seite 88)

Wer war länger unterwegs?
Till: 21 600 s = 360 min = 6 h
Claudia: 330 min = 300 min + 30 min = 5 h 30 min
Till war 30 Minuten länger unterwegs als Claudia.

Aufgabe 6 (Seite 88)

Was hat Familie Marbes bezahlt?
8 · 2 € = 16 €
16 € · 3 = 48 €
Eine Kiste kostet 16 €, für drei Kisten hat Familie Marbes 48 € bezahlt.

8.2 Spezielle Vierecke

Übung 1 (Seite 93)

a) Jedes Rechteck ist ein Parallelogramm.
Wahr, da hier die paarweise Parallelität und die Gleichheit der Längen gegeben ist.

b) Jedes Parallelogramm ist eine Raute.
Falsch, da ein Parallelogramm nicht vier gleich lange Seiten haben muss.

c) Jedes Trapez hat ein paralleles Seitenpaar.
Wahr, zwei Seiten müssen parallel sein.

d) Jedes Parallelogramm ist ein Rechteck.
Falsch, da ein Parallelogramm nicht rechtwinklig sein muss.

8.3 Einheiten der Flächenberechnung

Übung 1 (Seite 94)

Wandle um.
a) 4,5 m^2 = 450 dm^2 = 45 000 cm^2
b) 12 000 mm^2 = 120 cm^2 = 1,2 dm^2
c) 0,4 dm^2 = 40 cm^2 = 4000 mm^2
d) 400 cm^2 = 4 dm^2 = 0,04 m^2

8.4 Flächen- und Umfangberechnung

Übung 1 (Seite 96)

Berechne Flächeninhalt und Umfang

a) $A = 12 \cdot 8 = 96\ \text{cm}^2$ $\qquad U = 2 \cdot 12 + 2 \cdot 8 = 40\ \text{cm}$

b) $A = 8 \cdot 3 = 24\ \text{cm}^2$ $\qquad U = 2 \cdot 8 + 2 \cdot 5 = 26\ \text{cm}$

c) $A = \frac{8 + 5}{2} \cdot 2 = 13\ \text{cm}^2$ $\qquad U = 8 + 4 + 5 + 3{,}5 = 20{,}5\ \text{cm}$

d) $A = \frac{9 \cdot 4}{2} = 18\ \text{cm}^2$ $\qquad U = 2 \cdot 7 + 2 \cdot 4 = 22\ \text{cm}$

8.5 Achsensymmetrische Figuren

Übung 1 (Seite 98)

a) Wahr, nämlich beide Diagonalen.

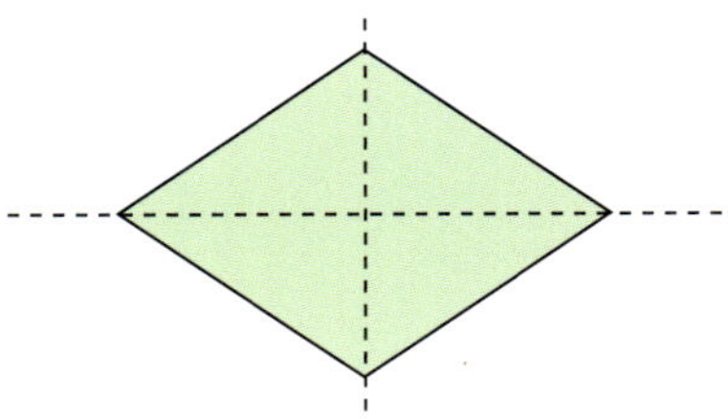

b) Falsch, spiegelt man an der Diagonalen, so entsteht ein Drachen.

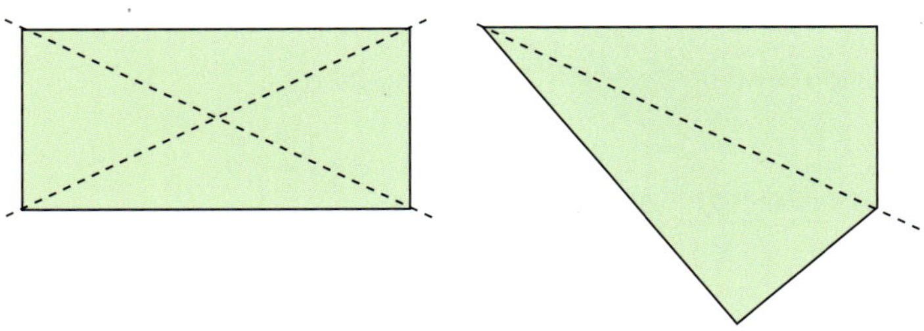

c) Falsch, ein Parallelogramm hat keine Symmetrieachse (außer es ist ein Rechteck oder Quadrat).

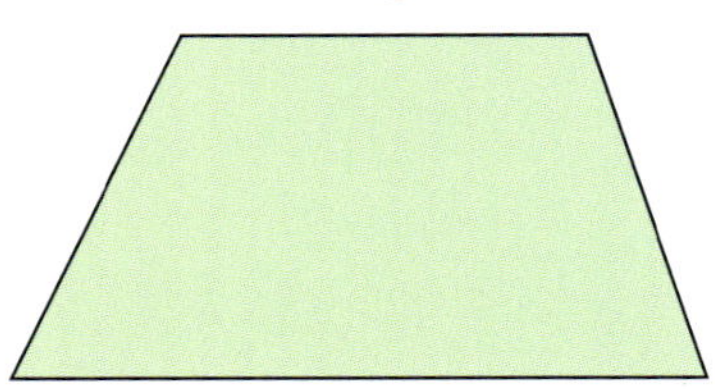

d) Wahr, jeweils senkrecht und waagerecht.

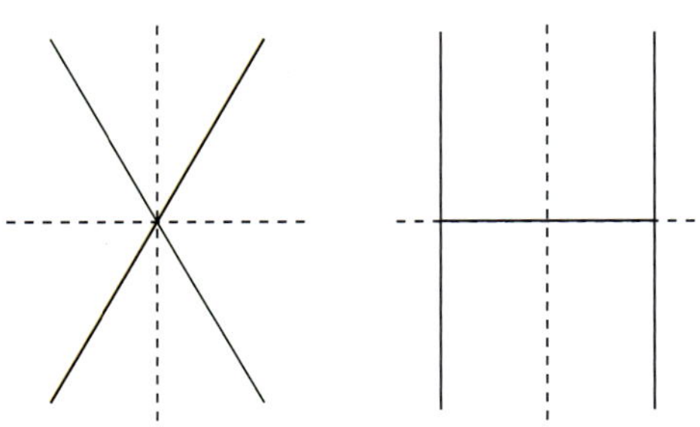

Abschlusstest

Aufgabe 1 (Seite 99)

a) Richtig, ein Quadrat erfüllt alle Anforderungen von Rechteck, Parallelogramm und Raute.
b) Falsch, nur das gleichschenklige Trapez hat zwei gleich lange Seiten.
c) Richtig, eine Raute ist ein Drachen mit vier gleich langen Seiten.
d) Richtig, die Diagonalen stehen im Drachen genau wie in einer Raute und in einem Quadrat orthogonal zueinander.

Aufgabe 2 (Seite 99)

a) $450\ cm^2 = 4,5\ dm^2 = 0,045\ m^2$
b) $0,4\ m^2 = 40\ dm^2$
c) $1250\ mm^2 = 12,5\ cm^2 = 0,125\ dm^2 = 0,00125\ m^2$
d) $5\ mm^2 = 0,05\ cm^2 = 0,0005\ dm^2$

Aufgabe 3 (Seite 99)

a) $A = 5 \cdot 8 = 40\ cm^2$ $\quad U = 2 \cdot 5 + 2 \cdot 8 = 26\ cm$
b) $A = 7 \cdot 4 = 28\ cm^2$ $\quad U = 2 \cdot 7 + 2 \cdot 5 = 24\ cm$
c) $A = \frac{5 \cdot 5}{2} = 12,5\ dm^2$ $\quad U = 4 \cdot 4 = 16\ dm$
d) $A = \frac{7 \cdot 3}{2} = 10,5\ m^2$ $\quad U = 2 \cdot 6 + 2 \cdot 4 = 20\ m$

Aufgabe 4 (Seite 100)

A(1/2) B(6/2) C(8/6) D(3/6)
a) ein Parallelogramm
b) Höhe h = 4
c) $A = 5 \cdot 4 = 20$

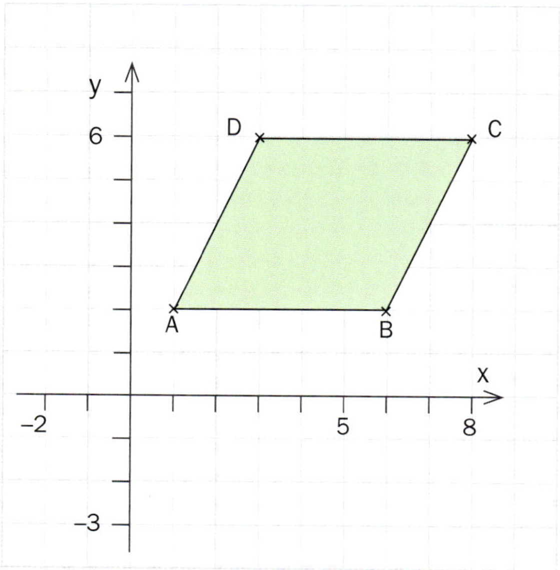

Stichwortfinder

Bildnachweis

DigitalStock
Seite 19 © M. Dietrich; Seite 31 © H. Richter; Seite 36 © J. Wiesler; Seite 57 © C. Hofmeister

PantherMedia
Seite 29 © Norma Cornes; Seite 63 © Claus Lenski;

PIXELIO
Seite 41 und 42 © Stephanie Hofschlaeger; Seite 53 © Klausi

PHOTOCASE
Seite 89 © LMDB

Shutterstock
Seite 10 © Anton9; Seite 13 © Junker; Seite 23 und 25 © Hannes Eichinger; Seite 59 © VanHart; Seite 101 © Denis Miraniuk

www.fotolia.de
Seite 5 © bilderbox; Seite 33 © Michael Kempf; Seite 44 © Jlka Burckhardt; Seite 58 © Philip Lange; Seite 77 © stippi; Seite 82 © Ralphy; Seite 84 © christian42

Zusätzliche Übungen mit Lösungen zu jedem Kapitel findest du auf unserer online-Lern-Plattform www.gute-noten-in.de

Mit deinem Passwort für Mathe, Klasse 5, kannst du dich ganz einfach kostenfrei einloggen und üben:

Pd4H7c